L'art
de suivre

DAG HEWARD-MILLS

Parchment House

Sauf indication contraire, toutes les citations bibliques sont tirées de la version Louis Segond de la Bible

Copyright © 2012 Dag Heward-Mills

Titre original : "The Art of Following"
Publié pour la première fois en 2012
par Parchment House

Traduit par : Professional Translations, Inc.

Version française publiée pour la première fois en 2012
Quatrième impression en 2015

Pour savoir plus sur Dag Heward-Mills
Campagne Jésus qui guérit
Écrivez à : evangelist@daghewardmills.org
Site web : www.daghewardmills.org
Facebook : Dag Heward-Mills
Twitter : @EvangelistDag

ISBN : 978-9988-8503-4-0

Tous droits de traduction, de reproduction et d'adaptation réservés pour tous pays. À l'exception des analyses et citations courtes, toute exploitation ou reproduction même partielle de cet ouvrage est interdite sans l'autorisation écrite de l'auteur.

Table des matières

1. Qu'est-ce que l'art de suivre ? 1
2. Comment réussir dans l'art de suivre 4
3. Sept clés de l'art de suivre 12
4. Ce que Jésus nous a enseigné sur l'art de suivre...........16
5. L'art de suivre Abraham...................................21
6. L'art de suivre Isaac 42
7. L'art de suivre Jacob 55
8. L'art de suivre Joseph.....................................68
9. L'art de suivre Moïse......................................84
10. L'art de suivre Josué......................................95
11. L'art de suivre le roi David 108
12. L'art de suivre Salomon 139
13. L'art de suivre Néhémie 159
14. L'art de suivre Esther 180
15. L'art de suivre Daniel...................................197
16. L'art de ne pas suivre 210

Chapitre 1

Qu'est-ce que l'art de suivre ?

Définition de l'art de suivre

1. L'art de suivre est l'art de copier.
2. L'art de suivre est l'art d'égaler quelqu'un.
3. L'art de suivre est l'art d'imiter quelque chose.
4. L'art de suivre est l'art d'essayer d'être comme quelqu'un.
5. L'art de suivre est l'art de reproduire.
6. L'art de suivre est l'art de cloner.
7. L'art de suivre est l'art de devenir un double.
8. L'art de suivre est l'art de devenir un jumeau.
9. L'art de suivre est l'art de se mettre à niveau.
10. L'art de suivre est l'art d'aller de l'avant.

Ceux qui ont pratiqué avec succès l'art de suivre

1. Les enfants se servent de l'art de suivre.

Les enfants utilisent l'art de copier pour aller de l'avant par de grands bonds; ils se mettent à niveau et apprennent à parler des langues complexes en très peu de temps. Presque tout apprentissage des enfants se fait par l'art de suivre, de copier ou d'imiter.

2. **Les nations qui sont riches depuis des siècles se servent de l'art de suivre.**

L'Europe et l'Amérique se sont servies de l'art de suivre pour devenir les anciennes nations les plus riches au monde. Grâce à l'émulation, tous les pays européens sont devenus comme leurs voisins, se sont développés et sont devenus des pays riches presque identiques. Leurs routes, leurs bâtiments et autres infrastructures sont similaires. Leurs systèmes bancaires et économiques sont presque identiques. Leurs capacités militaires sont similaires. Les modes de vie et conditions de vie sont similaires dans tous ces pays. En effet, par l'émulation, chaque nation s'est mise à niveau avec son voisin et a refusé de se laisser distancer dans la course à la prospérité.

3. **Les nations qui sont récemment devenues riches se servent de l'art de suivre.**

Taiwan, la Chine et la Corée sont bien connus pour leur capacité à suivre et à copier. En effet, la plupart des nations qui sont récemment devenues riches se sont servies de l'art de suivre. Les nations qui sont devenus riches au cours des cinquante dernières années sont bien connues pour leur capacité à copier. En effet, beaucoup de leurs produits étaient simplement appelés des imitations. Ils ont produit des voitures qui étaient des répliques exactes de modèles européens bien connus.

Les Coréens n'avaient pas de honte à modéliser leurs voitures Daewoo sur Opel, les Ssangyong sur Mercedes-Benz et les Hyundai sur Toyota. Grâce à leur copie effrontée, ils se sont mis à niveau et sont allés de l'avant au point de devenir de grands fabricants d'automobiles.

Dans presque tous les domaines de la technologie et de l'effort, ils se sont mis à niveau et sont allés de l'avant en créant la richesse dont les autres ne pouvaient que rêver. Ceux qui avaient honte de copier ne pouvaient que rester passifs, alors que les maîtres de la copie allaient de l'avant pour devenir millionnaires et milliardaires,

4. Jésus Christ le Fils de Dieu s'est servi de l'art de suivre.

Jésus a utilisé l'art de suivre pour transformer des pêcheurs analphabètes en dirigeants et gestionnaires d'un mouvement mondial. Si le Fils de Dieu s'est servi de l'art de suivre comme Sa seule méthode de formation, ce doit être la méthode d'apprentissage, de formation et d'enseignement la plus haute et la plus élevée.

L'art de suivre est l'art de copier quelqu'un. L'art de suivre est l'art de devenir comme la personne que vous admirez. L'art de suivre est l'art de devenir une réplique de quelque chose qui a une longueur d'avance sur vous. Grâce à l'art de suivre, vous serez en mesure de vous mettre à niveau et d'aller de l'avant dans votre ministère.

Chapitre 2

Comment réussir dans l'art de suivre

Afin que vous ne deveniez pas paresseux, mais que vous suiviez...

Hébreux 6,12

Il y a beaucoup de commandements bibliques qui nous demandent de suivre certaines personnes. La Bible est remplie d'exemples illustrant la façon dont nous devons suivre certaines personnes. Dans ce chapitre, vous apprendrez les principes dont vous avez besoin pour réussir à suivre, à copier, à égaler et à vous mettre à niveau sur ceux qui ont une longueur d'avance sur vous.

Neuf principes de suivre

1. **Vous pouvez réussir dans l'art de suivre en choisissant de suivre Dieu Lui-même.**

DEVENEZ donc LES IMITATEURS DE DIEU, comme des enfants bien-aimés ; ET MARCHEZ DANS LA CHARITÉ, à l'exemple de Christ, qui nous a aimés, et qui s'est livré lui-même à Dieu pour nous comme une offrande et un sacrifice de bonne odeur.

Éphésiens 5,1-2

On réussit à suivre Dieu en marchant dans l'amour et le sacrifice. Saviez-vous que c'est possible de suivre Dieu ? Quelle meilleure personne suivre sinon Dieu Lui-même ? La parole de Dieu nous montre exactement ce qu'il faut faire si nous voulons suivre Dieu.

Il nous suffit d'apprendre à aimer et à faire des sacrifices. Faire ces deux choses garantira que vous suivrez Dieu Lui-même. Si vous prétendez suivre Dieu, vous devez marcher dans l'amour divin, car Dieu est amour.

2. Vous pouvez réussir dans l'art de suivre en copiant un homme de Dieu qui suit le Christ.

Soyez mes imitateurs, comme je le suis moi-même de Christ.

1 Corinthiens 11,1

Paul instruit l'église de Corinthe à le suivre, mais il les avertit de le suivre seulement dans la mesure où il suit Jésus. En effet, il y a beaucoup de ministres qui suivent davantage les millionnaires, les dirigeants d'entreprises et les politiciens que Dieu. Vous remarquerez à partir des livres qu'ils lisent, qu'ils suivent ces personnes laïques et désirent davantage être comme eux que comme Jésus. Aujourd'hui, les pasteurs lisent les biographies de présidents américains, de millionnaires et d'entrepreneurs accomplis.

3. Vous pouvez réussir à suivre un homme de Dieu en suivant *quelqu'un qui a suivi la personne* que vous voulez vraiment suivre.

Chers frères et sœurs, modelez votre vie sur la mienne, et APPRENEZ DE CEUX QUI SUIVENT notre exemple.

Philippiens 3,17 (NLT)

Il y a des années, je voulais être dans le ministère des miracles. Je savais qu'il me faudrait suivre quelqu'un qui était déjà dans le ministère des miracles. J'ai décidé de suivre Kathryn Khulman, parce qu'elle avait le plus grand ministère de miracles dont je n'avais jamais entendu parler. En tant que médecin, j'étais très impressionné par le genre de miracles qu'elle avait. Mais j'avais un problème. Je ne pouvais pas la trouver sur terre, parce qu'elle était décédée. J'étais dans l'embarras et je ne savais pas comment je pouvais suivre une défunte. Comment pourrais-je donner une offrande à une défunte ? Comment pourrais-je parler à une défunte ? Est-ce que j'allais appeler son esprit d'entre les morts ?

L'Esprit Saint me dit soudain : « Suis Benny Hinn, si tu veux vraiment suivre Kathryn Khulman ». Une brillante lumière avait éclairé mon chemin et instantanément, j'ai su ce que je devais faire. Je commençai un long parcours pour suivre Benny Hinn et apprendre tout ce que je pouvais sur le ministère, la guérison et les miracles. C'est le principe que Paul a partagé avec les Philippiens. « Vous pouvez me suivre en suivant ceux qui ont suivi mon exemple ».

4. **Vous pouvez *suivre un groupe* de gens qui marchent dans la grâce du Seigneur.**

> Et VOUS NOUS AVEZ SUIVIS et suivi le Seigneur, ayant reçu la parole avec la joie de l'Esprit Saint, accompagnée de grande affliction :
> 1 Thessaloniciens 1,6

Au lieu de suivre une seule personne, vous pouvez suivre un groupe de gens qui marchent d'une manière particulière. Par exemple, vous pourriez suivre les leaders d'une église ou d'un ministère particulier. Vous pourriez également suivre un groupe d'amis qui servent Dieu ensemble.

Il y a de nombreuses années, après avoir été présenté à Kenneth Hagin, j'ai remarqué les gens qu'il fréquentait. On trouvait des gens comme Kenneth Copeland, Jerry Savelle, Fred Price, Charles Capps et John Osteen à ses conférences et dans ses magazines. Ce groupe d'hommes de foi me devint attrayant et je me mis à les suivre. Je me mis à lire leurs livres et à apprendre d'eux, parce que c'était un groupe identifiable que je pouvais suivre.

5. **Vous pouvez réussir dans l'art de suivre *en suivant une église particulière*.**

> Car vous, frères, avez SUIVI LES TRACES DES ÉGLISES de Dieu qui, dans la Judée, sont en Christ Jésus : car vous aussi avez souffert de la part de ceux de vos propres compatriotes, les mêmes choses qu'ils ont souffertes de la part des Juifs:
> 1 Thessaloniciens 2,14

Vous pouvez suivre une église en étudiant ses dirigeants, son histoire, ses doctrines, ses victoires, ses crises, ses erreurs, etc.

Pour correctement suivre une église, vous devez à tout prix étudier son histoire. Beaucoup d'églises subissent des transformations étonnantes au cours des années. Souvent, vous ne pouvez pas comparer une église aujourd'hui à ce qu'elle était il y a cent ans.

Il y a cent ans, l'église suisse était si vibrante qu'elle envoyait des jeunes mourir sur les champs de mission lointains. Grâce aux efforts de l'église suisse, le salut et le christianisme sont parvenus à des nations entières, comme le Ghana et le Nigéria. Aujourd'hui, l'église suisse est tellement morte que la plupart des congrégations sont fermées et le christianisme est perçu comme une activité pour les étrangers et les immigrants.

Aujourd'hui, l'organisation suisse qui envoyait des missionnaires dans le monde a été transformée en hôtel et les archives de leurs grandes œuvres missionnaires sont conservées dans une cave sous l'hôtel !

J'ai appris tellement de choses de l'Église méthodiste. J'ai suivi beaucoup de leurs bons exemples et j'ai étudié la vie de leur fondateur. En suivant cette église, Dieu m'a donné une grande perspicacité et direction pour mon ministère.

6. **Vous devez suivre *les bonnes choses* que l'Esprit Saint vous montre.**

Et qui est-ce qui vous fera du mal, si VOUS POURSUIVEZ CE QUI EST BON ?

1 Pierre 3,13

Vous devez suivre de bonnes choses. Si l'Esprit Saint touche votre cœur à propos de quelque chose de bon dans le ministère de quelqu'un, vous devez considérer que Dieu est en train d'attirer votre attention sur quelque chose que vous devez faire. L'Esprit Saint est toujours en train de nous montrer de bonnes choses que nous devons suivre. C'est à vous d'ouvrir votre cœur pour remarquer les bonnes choses dans les autres églises et ministères.

Vous remarquez peut-être *combien la musique est bonne* dans l'église de quelqu'un. Vous remarquez peut-être *combien le chœur est bon,* vous remarquez peut-être *combien les toilettes sont propres* dans l'église de quelqu'un. Vous remarquez peut-être combien la structure de l'église de quelqu'un est bonne. Vous remarquez peut-être *combien la prédication de quelqu'un est bonne.* Vous remarquez peut-être combien le chant de quelqu'un est bon. Toutes ces bonnes choses que vous remarquez sont des messages de l'Esprit Saint sur les choses que vous devez suivre.

7. **Vous pouvez réussir à suivre un homme de Dieu en suivant les gens qu'ils délèguent et nomment.**

> Suivez mon exemple. POUR CETTE RAISON JE VOUS AI ENVOYÉ TIMOTHÉE, qui est mon fils bien-aimé et fidèle dans le Seigneur ; il vous rappellera mes chemins à la mémoire, lesquels sont en Christ, comme j'enseigne partout dans chaque église ».
>
> 1 Corinthiens 4,16-17

Paul voulait que les Corinthiens le suivent de près. Pour cette raison, il nomma Timothée et l'envoya auprès des Corinthiens. Celui qui voulait entrer en relation avec Paul devait passer par Timothée.

Les gens qui ne peuvent pas établir de bonnes relations avec ceux qui sont délégués ou nommés ne se rendent pas compte qu'ils perdent l'occasion d'apprendre et de suivre. Les grands ministres sont souvent forcés de déléguer quelqu'un pour vous rencontrer et parler avec vous. Si vous n'arrivez pas à établir de bonnes relations avec eux parce que vous n'avez pas affaire avec la personne principale elle-même, vous allez perdre beaucoup de bénédictions. L'art de suivre est l'art de suivre les délégués.

Je suis allé de nombreuses fois en Corée pour rencontrer David Yonggi Cho. J'ai dû parler à des gens qu'il avait nommés pour s'occuper de moi et à d'autres membres du conseil. Accepter volontiers les gens qu'il avait délégués a été la clé pour tirer le meilleur parti de ma relation avec lui. Quiconque est trop gros pour parler aux délégués est trop gros à suivre !

8. Vous pouvez réussir à suivre un homme de Dieu si vous suivez sa foi et sa patience.

Afin que vous ne deveniez pas paresseux, mais que vous suiviez ceux qui, par foi et patience, héritent les promesses.

Hébreux 6,12

Les deux éléments clés que vous devez rechercher chez un homme que vous suivez sont sa foi et sa patience. Pourquoi est-ce que je dis cela ? L'Écriture nous enseigne que c'est la foi et la patience de la personne qui lui permet d'hériter les promesses de Dieu.

C'est sa foi et sa patience qui ont donné à Kenneth Hagin le ministère mondial qu'il avait. C'est sa foi et sa patience qui ont donné à Yonggi Cho la plus grande église au monde. C'est sa foi et sa patience qui ont donné à Benny Hinn ses croisades de miracles. C'est sa foi et sa patience qui ont donné à Fred le ministère qu'il avait. C'est sa foi et sa patience qui ont donné à Reinhard Bonnke les plus grandes croisades d'Afrique. Ce n'est pas l'argent, les relations ou la publicité qui ont donné à ces gens les choses qu'ils avaient. C'est leur foi et leur patience qui leur ont donné ce qu'ils ont reçu.

Cher ami, voulez-vous réussir dans l'art de suivre un homme de Dieu ? Suivez alors sa foi et sa patience ! Qu'est-ce que cela veut dire de suivre la foi de quelqu'un ? Suivre la foi de quelqu'un, c'est se demander : « Qu'a-t-il cru ? » Et pourquoi a-t-il cru ce qu'il croyait ! Quand j'étudiais la foi de Billy Graham, j'ai remarqué qu'il avait pris une décision de qualité de croire que chaque partie de la Bible est la Parole de Dieu. En raison de cette foi, il cite les Saintes Écritures quand il prêche aux pécheurs. Il croit que si ce sont les paroles de Dieu, alors quand on les lit aux gens, ces paroles ont une grande puissance de salut, de guérison et de délivrance.

Si vous lisez et étudiez, vous découvrirez beaucoup de choses sur la foi des gens exceptionnels.

Comment pouvez-vous autrement en savoir plus sur la foi d'une personne exceptionnelle ? En regardant et en écoutant les choses qu'une personne a dites plus tôt dans son ministère ! Dans la dernière partie du ministère d'une personne, vous trouverez les fruits impressionnants de ce qu'elle a cru. Mais au début de son ministère, vous verrez et percevrez la personne exerçant sa foi en Dieu pour les grandes choses. Dans la première partie de son ministère, il y a peu à voir et il y a beaucoup de foi et de proclamation. Il est toujours intéressant de voir comment des hommes ont surgi du désert et ont commencé à croire de grandes choses pour leurs ministères.

Suivez la foi et la patience des hommes exceptionnels, et vous suivrez les bonnes choses. Aujourd'hui, certains veulent porter les mêmes vêtements, les mêmes chaussures et conduire les mêmes voitures que des grands hommes de Dieu. La Bible ne dit pas qu'ils ont hérité les promesses par leurs voitures, leurs maisons et leurs vêtements ! Ils ont hérité les promesses par leur foi et leur patience !

Alors, comment pouvez-vous suivre la patience de quelqu'un ? Vous pouvez étudier la patience de quelqu'un en découvrant quand il a commencé à croire certaines choses, et quand il en a véritablement fait l'expérience. Quand vous commencez à calculer et à découvrir le nombre d'années pendant lesquelles les gens ont cru et travaillé dans une direction particulière, vous serez étonné de voir combien certains d'entre eux ont été patients. La plupart des hommes de Dieu ont travaillé pendant de nombreuses années avec peu de résultats, pour voir le Seigneur faire de grandes choses seulement à la fin de leur vie et de leur ministère. En effet, la foi et la patience des gens est le secret de leur ministère.

9. Vous devez vaincre la flemme, la paresse et l'inertie afin de réussir à suivre quelqu'un.

Afin que VOUS NE DEVENIEZ PAS PARESSEUX, mais que vous suiviez ceux qui, par foi et patience, héritent les promesses.

Hébreux 6,12

Pouvez-vous croire que la paresse est la raison pour laquelle beaucoup ne peuvent pas suivre ? J'ai entendu les paroles de paresseux qui ne veulent ni suivre ni apprendre. Tout ce qu'ils disent est :

« Super, vous avez la grâce de Dieu sur votre vie ».

Ils disent : « C'est une grâce que Dieu vous a donnée d'avoir ces églises ».

« Super », s'exclament-ils. « J'aime votre façon de faire. C'est une grâce que vous avez ».

Ils disent : «Je n'ai pas la grâce que vous avez. Ce n'est pas ma vocation ».

Oui, c'est peut-être vrai que la grâce de Dieu est à l'œuvre. Mais souvent, les gens sont tout simplement trop paresseux pour apprendre quelque chose de nouveau ! Ils ne veulent pas s'embêter à mettre en œuvre des idées et des principes qu'ils voient fonctionner.

En effet, il faut beaucoup d'énergie pour ressembler à quelqu'un qui a une longueur d'avance sur vous. Il faut beaucoup de temps et d'effort sérieux pour découvrir les secrets d'un leader et les imiter. Les paresseux ne peuvent pas le faire et ils n'arriveront pas à réussir dans l'art de suivre.

Chapitre 3

Sept clés de l'art de suivre

1. Suivre les hommes de Dieu à travers leurs « enseignements » et leurs « actions ».

> J'ai rempli le traité précédent, ô Théophile, de TOUT CE QUE JÉSUS COMMENÇA À FAIRE ET À ENSEIGNER,
> Actes 1,1

Les enseignements d'une personne et les choses qu'elle fait sont d'égale importance. Pour suivre Jésus-Christ, vous devez suivre à la fois Ses enseignements et les choses qu'Il a faites. Chaque évangile contient les enseignements du Christ, ainsi que les histoires des choses qu'Il a faites. Les enseignements du Christ sont en rouge et les choses qu'Il a faites sont en noir.

Il est important de comprendre que ces deux aspects sont très différents, mais très importants. Il y a beaucoup de choses sur lesquelles Jésus-Christ n'a rien enseigné. En effet, il y a beaucoup de choses qu'Il a faites sans expliquer ce qu'Il faisait. C'est pourquoi Théophile reçut le conseil d'apprendre de ce que Jésus a fait et enseigné.

2. Suivre les hommes de Dieu en suivant leurs enseignements.

Il est important de comprendre que certaines personnes ont le don d'enseigner ce qu'elles savent. Il en résulte que certaines personnes ont beaucoup d'enseignements, de doctrines, de codes et d'idées qu'elles partagent. Kenneth Hagin par exemple, grand prophète et ministre de guérison, a beaucoup enseigné sur la façon dont il pratiquait le ministère et comment il réalisait de grandes choses pour Dieu. J'ai pu apprendre beaucoup de choses sur le ministère à travers ses enseignements. Il y avait d'autres grands prophètes qui ont vécu et sont morts à la même époque, mais ils n'ont laissé aucun enseignement pour guider d'autres personnes dans un ministère similaire.

3. Suivre les hommes de Dieu en suivant ce qu'ils font.

J'ai trouvé des gens qui ont fait de grandes choses pour le Seigneur, mais qui ont laissé très peu d'enseignements sur leur façon de faire. Par exemple, Kathryn Khulman avait un grand ministère de miracles que j'admire et où j'ai appris. Mais je n'ai pu apprendre à entrer dans le ministère des miracles par aucun de ses enseignements. Cependant, étudier les choses que Kathryn Khulman a réellement faites m'a beaucoup aidé. Lire et relire sa biographie m'a donné un excellent aperçu sur ce qu'elle a vraiment fait dans le ministère de guérison.

Même si j'ai essayé sincèrement d'apprendre à partir des enseignements de John Wesley, je n'ai rien compris de ses enseignements. En effet, même son anglais est différent. Cependant, sa vie, ses défis et ses problèmes ont été une vraie bénédiction pour moi. J'ai beaucoup appris de ce qu'il a fait et presque rien de ce qu'il a dit. Vous devez pouvoir identifier ceux qui sont appelés à vous enseigner par leur vie et non par leurs enseignements.

Ne vous inquiétez pas si vous n'apprenez rien des enseignements de quelqu'un. C'est peut-être sa vie qui vous servira.

Sa vie (ce qu'il a fait) se compose de sa vie familiale, de ses habitudes, de son mariage, de son ministère, de ses amitiés, de ses relations, de ses réalisations, de ses problèmes, de ses crises, de ses peines et de ses douleurs. Tous les événements de la vie de l'homme de Dieu vous serviront. C'est ainsi que vous suivez quelqu'un, en suivant les choses qu'il a faites.

4. Suivre un homme de Dieu en suivant à la fois ses enseignements et sa vie.

Certains ministres sont tellement doués que vous devriez apprendre à la fois de ce qu'ils font et de ce qu'ils enseignent. Dieu peut vous envoyer quelqu'un qui a un grand message dans ses enseignements, mais aussi dans sa vie.

Jésus Christ avait les enseignements les plus spectaculaires jamais connus de l'homme. Pourtant, sa vie avait encore plus de trésors et de révélations pour l'humanité.

La croix de Jésus et de Son expérience sur la route du Calvaire retentissèrent plus fort que tout enseignement qu'Il aurait pu donner sur l'obéissance et le sacrifice.

5. Suivre ceux qui ont vécu aux temps bibliques.

Des gens comme David, Abraham et Josué nous sont donnés pour apprendre d'eux et les suivre. Ils ont hérité les promesses de Dieu et ont obtenu de bons rapports. Leurs vies sont des livres ouverts où nous pouvons apprendre. Chaque jour, quand vous lisez la Bible, vous pouvez apprendre de quelque chose qu'Abraham ou David a fait.

Parce que la Bible n'a pas été écrite pour impressionner, elle contient des réalités de la vie des gens. Peu de choses sont passées sous silence, et nous sommes servis par leur vie comme elle s'est déroulée.

6. Suivre ceux qui ont vécu après les temps bibliques.

Il y a aussi des gens qui ont servi le Seigneur dans les générations passées. Ces gens dont on a écrit les vies et les histoires, sont de puissants exemples qui peuvent vous parler.

J'ai été particulièrement heureux de suivre la vie et le ministère de plusieurs généraux de Dieu qui sont morts juste une génération avant mon arrivée. Des gens comme Kathryn Khulman, William Branham, Jack Coe et A.A. Allen étaient de puissants prophètes de guérison, dont leurs vies continuent de me servir. Je ne vois pas comment je pourrais avoir réussi dans le ministère sans avoir reçu les bénédictions que j'ai apprises de ces personnes. Leurs noms ne se trouvent pas dans la Bible, mais leur vie et leurs ministères sont très importants pour notre destin. Ne soyez pas un ministre qui ne lit pas les biographies.

7. Suivre ceux qui sont vivants et qui servent le Seigneur aujourd'hui.

Suivre ceux qui sont vivants et qui servent actuellement le Seigneur exige beaucoup d'humilité. Les gens aiment donner l'impression qu'ils ont réussi tout seuls et qu'ils sont originaux. Ils se sentent particulièrement humiliés quand ils doivent reconnaître d'autres personnes qui vivent dans la même génération et qui sont comme eux.

Ceux qui sont vivants dans votre temps et votre génération sont souvent critiqués pour leur vie et leur ministère. Ils disent : « Comment pourriez-vous suivre quelqu'un qui a des défauts si évidents ? Vous détruisez votre ministère en vous associant avec eux ».

Mais que pourrait-on dire de mon ministère si je n'avais pas aimé et suivi des gens comme Kenneth Hagin, Fred Price, Duncan-Williams, Benny Hinn, Yonngi Cho et Reinhard Bonnke ?

En effet, ces exemples vivants m'ont servi d'école de vie pour ma formation au ministère. Leurs vies, leurs réussites, leurs épreuves, leurs victoires et leurs échecs sont tous de grandes leçons pour moi. Dieu s'en est servi et continue de s'en servir pour me former.

C'est parce que vous refusez d'apprendre des gens qui vous entourent que vous êtes là où vous en êtes dans le ministère !

Chapitre 4

Ce que Jésus nous a enseigné sur l'art de suivre

1. **Jésus nous a montré que suivre quelqu'un est la méthode de formation la plus supérieure et la meilleure.**

Quand Il voulait former quelqu'un, Il lui disait : « Suis-moi ». Remarquez comment Il a invité Simon Pierre, André, Lévi, Philippe, Jacques, Jean et beaucoup d'autres à Le suivre. Voici six exemples différents de Jésus demandant à quelqu'un de Le suivre :

   a. Et Jésus, marchant le long de la mer de Galilée, vit deux frères, Simon, appelé Pierre, et André, son frère, qui jetaient un filet dans la mer, car ils étaient pêcheurs.

   Et il leur dit : SUIVEZ-MOI, et je vous ferai pêcheurs d'hommes.

   Matthieu 4,18-19

   b. Et en passant, il vit Lévi, le fils d'Alphæus, assis au bureau des douanes ; et il lui dit : SUIS-MOI. Et il se leva, et le suivit.

   Marc 2,14

   c. Le jour suivant, Jésus voulut aller en Galilée, et il trouve Philippe, et lui dit : SUIS-MOI…

   Jean 1, 43

   d. Et partant de là, il vit deux autres frères, Jacques, le fils de Zébédée, et Jean, son frère, dans une barque avec Zébédée, leur père, raccommodant leurs filets, et il les appela. Et immédiatement ils laissèrent leur barque et leur père, et le suivirent.

   Matthieu 4, 21-22

e. Et un autre de ses disciples lui dit : Seigneur, permets que j'aille d'abord enterrer mon père. Mais Jésus lui dit : SUIS-MOI, et laisse les morts enterrer leurs morts.

Matthieu 8,21-22

f. Et voici, quelqu'un s'approcha et lui dit: Bon Maître, quelle bonne chose dois-je faire afin que je puisse avoir la vie éternelle ?

Et il lui dit : Pourquoi m'appelles-tu bon ? Il n'y a personne bon, un seul, c'est Dieu; mais si tu veux entrer dans la vie, garde les commandements.

Il lui dit: Lesquels ? Jésus dit : Tu ne tueras pas ; tu ne commettras pas d'adultère ; tu ne voleras pas ; tu ne diras pas de faux témoignage ; Honore ton père et ta mère ; et tu aimeras ton voisin comme toi-même.

Le jeune homme lui dit : J'ai gardé toutes ces choses depuis ma jeunesse ; que me manque-t-il encore ?

Jésus lui dit : Si tu veux être parfait, va, vends ce que tu as, et donne-le aux pauvres ; et tu auras un trésor dans le ciel ; et VIENS ET SUIS-MOI.

Matthieu 19,16-21

2. Jésus nous a montré que nous devons faire de grands sacrifices avant de vraiment pouvoir suivre quelqu'un.

Il a dit à Ses disciples : « vous devez prendre votre croix et renoncez à vous-même si vous voulez Me suivre ».

Alors Jésus dit à ses disciples : Si un homme veut venir après moi, qu'il renonce à lui-même, et qu'il prenne sa croix, et ME SUIVE.

Matthieu 16,24

3. Jésus nous a montré que suivre quelqu'un pourrait faire de vous quelqu'un de grand.

Jésus nous a montré que vous pourriez être transformé en une personne totalement différente si vous suivez quelqu'un.

Dieu veut peut-être changer votre destin. C'est pourquoi Il vous montre quelqu'un que vous pouvez suivre. Dieu a peut-être mis un pasteur sur votre chemin afin que vous ayez quelqu'un à suivre.

> Et Jésus, marchant le long de la mer de Galilée, vit deux frères, Simon, appelé Pierre, et André, son frère, qui jetaient un filet dans la mer, car ils étaient pêcheurs. Et il leur dit : Suivez-moi, et JE VOUS FERAI pêcheurs d'hommes.
>
> Matthieu 4,18-19

4. Jésus nous a montré que suivre quelqu'un pourrait produire d'excellents résultats.

En suivant Jésus Christ, les disciples étaient sur le point de recevoir des maisons, des terres, des frères, des sœurs, des mères, des persécutions et la vie éternelle. Imaginez un peu ! Suivre Jésus peut transformer votre situation financière. Pensez-vous que Pierre aurait hérité des terres et des maisons par son travail de pêcheur ? Certainement pas ! C'est le fait de suivre Jésus qui lui a donné toutes ces bénédictions.

> Alors Pierre se mit à lui dire : Voici, nous avons tout quitté, et nous T'AVONS SUIVI.
>
> Et Jésus répondit, et dit : En vérité, je vous dis : Il n'y a personne qui ait quitté maison, ou frères, ou sœurs, ou père, ou mère, ou femme, ou enfants, ou terres, pour l'amour de moi et de l'évangile, mais il RECEVRA MAINTENANT, EN CE TEMPS-CI, CENT FOIS PLUS, maisons, frères, sœurs, mères, enfants, et terres, avec persécutions ; et, dans le monde à venir, la vie éternelle.
>
> Marc 10,28-30

5. Jésus nous a montré que c'est un grand privilège d'être invité à suivre, parce que tout le monde n'est pas autorisé à suivre.

> Et quand il monta dans la barque, celui qui avait été possédé du diable, le pria qu'il puisse être avec lui.

Néanmoins JÉSUS NE LE LUI PERMIT PAS, mais il dit : VA DANS TA MAISON…

Marc 5,18-19

Et IL NE PERMIT À PERSONNE DE LE SUIVRE, SAUF À PIERRE, ET À JACQUES ET À JEAN, le frère de Jacques.

Marc 5,35-37

En effet, tout le monde n'est pas autorisé à suivre. Combien de fois ai-je désiré m'approcher d'hommes de Dieu et ai obtenu un refus ! J'ai même voulu travailler dans le ministère de certaines personnes, mais on m'en a refusé la possibilité. Si Dieu vous a donné l'occasion de suivre et de suivre de près, soyez-en reconnaissant. Même Jésus n'a pas permis à tout le monde de Le suivre.

6. Jésus nous a montré que beaucoup ratent l'occasion de suivre à cause de leur famille.

Si votre famille vous empêche d'obéir à l'appel de Dieu, alors bienvenue au club. Il n'est pas rare d'entendre des excuses au sujet des obligations familiales. Votre famille sera toujours une raison pour laquelle vous ne pouvez pas et n'obéissez pas à l'appel de Dieu.

Jésus a clairement enseigné à mettre Ses commandements avant le reste. Dieu passe avant la famille. La famille paiera toujours un prix pour votre obéissance. Jésus le sait, et Il attend de vous que vous renonciez à vous-même et que vous quittiez votre famille et votre maison dans l'obéissance à Son appel. Les gens qui élèvent leur famille au-dessus de la volonté de Dieu ne répondent jamais à l'appel de Dieu !

Écoutez les réponses brusques de Jésus à ceux qui ont présenté leurs obligations familiales comme des excuses.

> Et il dit à un autre : SUIS-MOI, mais il dit : Seigneur, permets que j'aille d'abord ENTERRER MON PÈRE. Jésus lui dit : Laisse les morts enterrer leurs morts, mais toi, va prêcher le royaume de Dieu.

Et un autre dit aussi : Je te suivrai, Seigneur, mais laisse-moi d'abord PRENDRE CONGÉ DE CEUX QUI SONT DANS MA MAISON.

Et Jésus lui dit : Aucun homme ayant mis sa main à la charrue et regarde derrière lui, n'est apte pour le royaume de Dieu.

Luc 9,59-62 (KJF)

Chapitre 5

L'art de suivre Abraham

Il est temps de suivre le père de la foi. Pour faire cela, nous devons étudier de près sa vie. Qu'est-ce qu'Abraham a accompli qui a fait de lui un si grand homme ? La Bible enseigne que nous devrions suivre ceux qui ont réussi a hérité les promesses de Dieu. Afin que vous ne deveniez pas paresseux, mais que vous suiviez ceux qui, par foi et patience, héritent les promesses (Hébreux 6,12 KJF).

Abram remonta d'Égypte vers le midi, lui, sa femme, et tout ce qui lui appartenait, et Lot avec lui. Abram était très riche en troupeaux, en argent et en or.
Genèse 13,1-2

Abraham connut le succès. Il se maria et eut des enfants. Il était très riche en troupeaux, en argent et en or. De nos jours, il aurait probablement des investissements en banques, en propriétés et en actions. Abraham connaissait Dieu. Le Seigneur lui parla de nombreuses fois et répondit à ses prières.

Abraham s'est aussi battu et a remporté quelques victoires durant sa vie. Abraham mourut finalement à un bel âge après avoir vu les compassions de Dieu durant toute sa vie. Même quand Jésus raconta l'histoire de Lazare et de l'homme riche, il mentionna que Lazare fut emporté dans le sein d'Abraham. Cela veut dire qu'Abraham était encore une personne importante, même après sa vie sur terre. Certains ne sont importants que dans cette vie. Dans l'autre monde, ils deviennent insignifiants pour la société. Ils sont envoyés en enfer pour être punis de leurs péchés.

Si Abraham vivait aujourd'hui, les gens lui demanderaient un entretien. Les gens voudraient demander à notre Père Abraham : « Comment avez-vous fait ? Quels étaient les secrets de votre succès ? Comment êtes-vous devenu si célèbre et prospère ? » Vous devriez aussi demander à notre père Abraham : « Pourquoi Dieu vous a-t-il choisi et vous a-t-il parlé ? »

Bien que nous ne vivions pas au temps de notre Père Abraham, nous avons un récit précis de sa vie et de son ministère. En étudiant la Bible, nous pouvons apprendre certains de ses secrets et ses principes.

Au lieu d'attendre qu'un faux prophète vous demande pour les dents d'un lion et la queue d'un tigre comme paiement pour sa magie joignez-vous à moi aujourd'hui pour apprendre et suivre les secrets de la réussite d'Abraham.

1. L'ART DE SUIVRE ABRAHAM EST L'ART D'OBÉIR À DIEU.

L'Éternel dit à Abram : Va-t-en de ton pays, de ta patrie, et de la maison de ton père, dans le pays que je te montrerai. Je ferai de toi une grande nation, et je te bénirai ; je rendrai ton nom grand, et tu seras une source de bénédiction. Je bénirai ceux qui te béniront, et je maudirai ceux qui te maudiront ; et toutes les familles de la terre seront bénies en toi.

Genèse 12,1-3

La première fois que nous entendons parler d'Abraham, le Seigneur lui donnait une instruction. Dieu lui dit de quitter son pays et de se rendre dans un pays étrange. Abraham obéit immédiatement au Seigneur. Cette première et grande clé de l'obéissance est quelque chose que chaque croyant doit suivre.

Si vous obéissez à Dieu, il apportera des bienfaits dans votre vie. Dieu dit à Abraham qu'Il le bénirait et que tous ceux qui le béniraient seraient également bénis. Dieu lui a dit qu'il ferait de lui une grande nation. **Notez que toutes les bénédictions d'Abraham avaient une condition : qu'il obéisse le commandement de Dieu.**

Il y a beaucoup de gens dans le monde, et Dieu a une bénédiction pour chacun. Cependant, la clé qui rend la bénédiction manifeste est l'obéissance à Dieu. Abraham prit la décision de sa vie. Il décida de quitter sa famille et son pays, et de se lancer dans l'obéissance à Dieu.

Dans nos vies, nous sommes susceptibles de faire deux ou trois décisions capitales. Ce sont des décisions qui changent le cours entier de notre vie.

Rappelez-vous que la grandeur dépend de l'obéissance à la voix de Dieu. « Les bénédictions sont réservées à ceux qui écoutent et obéissent. Si tu obéis à la voix de l'Éternel, ton Dieu, en observant et en mettant en pratique tous ses commandements que je te prescris aujourd'hui, l'Éternel, ton Dieu, te donnera la supériorité sur toutes les nations de la terre.

Voici toutes les bénédictions qui se répandront sur toi et qui seront ton partage, lorsque tu obéiras à la voix de l'Éternel, ton Dieu » (Deutéronome 28,1-2)

La désobéissance conduit à la malédiction

Il y a beaucoup de gens qui disent : « C'est difficile d'obéir à Dieu ». Mais c'est plus difficile de désobéir à Dieu. Quiconque désobéit au Seigneur fera l'expérience de malédictions et de frustrations dans sa vie.

Rappelez-vous l'histoire d'Adam. Dieu le mit dans un jardin et lui dit qu'il pouvait manger les fruits de tous les arbres, sauf un. Adam désobéit à Dieu, et voyez où nous en sommes aujourd'hui ! Adam fut maudit et toute la race humaine avec lui.

Tous les hommes sont désormais maudits et condamnés à la sueur et à la lutte afin de gagner leur vie. Je ne connais personne sur terre qui soit exempté de cette malédiction. Le pauvre donne plusieurs heures de dur labeur et est récompensé avec très peu. Pourtant, il doit continuer à travailler dur pour survivre. Le riche travaille douze heures par jour, sept jours par semaine, afin de maintenir ses richesses. Il transpire autant que le pauvre, mais d'une manière différente. Chacun d'entre nous se bat sous cette malédiction.

À cause de la malédiction, les femmes désirent un mari, même si leurs maris domineront leur vie. J'ai rarement vu une femme qui ne veule pas de mari. « Tes désirs se porteront vers ton mari, mais il dominera sur toi ». (Genèse 3,16).

Les maris règnent et dominent leurs épouses, et pourtant les femmes veulent quand même se marier ! La malédiction des femmes touche aussi l'accouchement. Une femme vous dira qu'il n'y a pas de douleur comparable à celle de l'accouchement.

D'où sont venues toutes ces choses ? C'est le résultat de la désobéissance d'Adam ! Il a désobéi à Dieu et sa vie fut contrariée. Mais nous voyons un second Adam, Jésus Christ, qui obéit à Dieu et apporta beaucoup de bénédictions.

> **...de même par l'obéissance d'un seul beaucoup seront rendus justes.**
>
> **Romains 5,19**

Jésus fut obéissant à Son Père. Un seul acte d'obéissance a apporté tellement de guérison à la race humaine. Un monde perdu et mourant a maintenant une vie en Jésus Christ. Dieu a souverainement exalté Jésus, et lui a donné un nom au-dessus de tout nom. L'exaltation vient par l'obéissance. Si vous voulez être promu dans votre vie, commencez par obéir au Seigneur. La promotion vient par l'obéissance à la Parole de Dieu.

Comme je l'ai dit, une personne prendra probablement deux ou trois grandes décisions dans sa vie. Un bon exemple de décision importante est la décision de qui épouser. Si vous obéissez à Dieu concernant le mariage, votre vie peut être relativement paisible. Si vous épousez la mauvaise personne, le malheur vous suivra comme un flot ininterrompu.

Beaucoup de gens n'obéissent pas à Dieu quand arrive le temps du mariage. Ils écoutent la chair et les opinions de leurs amis. Une chose qui va influencer votre état de bonheur plus que toute autre chose est votre mariage. Vous ne pouvez jamais fuir la réalité de qui vous avez épousé. Lorsque vous rentrez chez vous, vous retrouvez votre conjoint. Quand vous sortez, tout ce que vous faites est lié au fait que vous êtes marié. Si vous obéissez au Seigneur, Il vous établira avec sa bénédiction.

Décisions capitales de l'obéissance

Une décision capitale d'obéir à Dieu fut ma décision d'être dans le ministère à plein temps. Le 10 mars 1989, je reçus un diplôme de médecin. Après sept années de dur labeur, j'en étais arrivé à un point où beaucoup de gens dans le monde auraient aimé être. J'étais maintenant médecin ! Néanmoins, le Seigneur me dit de quitter la pratique médicale et de faire Son travail à plein temps. Je Lui obéis et cette décision changea complètement ma vie.

Un jour, alors que je me trouvais à Jérusalem, je me demandai : « Comment en suis-je arrivé là ? » Le Seigneur me répondit : « C'est parce que tu suis ma voix que je t'ai amené ici ». Vous ne connaissez pas la portée considérable de l'obéissance au Seigneur. Parfois, je suis dans l'église et je vois tous les gens dont les vies ont été changées, et je me demande : « Ces personnes auraient-elles été sauvées si j'étais un médecin exerçant dans une clinique quelque part ? » Parfois, nous n'avons pas la moindre idée des effets de notre obéissance.

Je pense que beaucoup de gens ne connaissent pas les effets de leur désobéissance à Dieu jusqu'à ce qu'ils arrivent au ciel. Je pense que certaines personnes iront au Ciel et on leur dira : « Il y a soixante neuf mille personnes qui étaient censés être au ciel par votre ministère ! Ils sont tous en enfer maintenant, parce que vous avez refusé d'obéir à mon appel ».

Ils répondront : « Oh, je pensais que c'était juste un petit enseignement au catéchisme que vous vouliez que je suive. Je pensais que si je ne le faisais pas, quelqu'un d'autre pourrait le faire ». Cette petite chose que Dieu veut que vous fassiez a un effet boule de neige. Il conduira au salut de beaucoup d'âmes. Faites-la et soyez béni ! L'obéissance est la première clé de la réussite abrahamique.

L'obéissance totale

Quand vous décidez d'obéir à Dieu, ne lui obéissez pas partiellement. N'ajoutez pas des choses que Dieu ne vous demande pas de faire. Dieu n'a pas appelé Abraham avec Lot. Il a appelé Abraham seul.

> **Portez les regards sur Abraham votre père, et sur Sara qui vous a enfantés ; CAR LUI SEUL JE L'AI APPELÉ, Je l'ai béni...**
>
> *Ésaïe 51,2*

Abraham fait l'erreur de prendre Lot avec lui. Cela causa beaucoup de problèmes pour Abraham.

Vous voyez, nous ne comprenons pas toujours les instructions de Dieu. Dieu a essayé de séparer Abraham de sa famille. Il a essayé de mettre en place une descendance spéciale et une personne particulière à travers laquelle il bénirait toutes les nations de la terre.

L'erreur qu'Abraham commit est la même erreur que beaucoup de gens font quand ils se lancent dans le ministère. Ils aspirent à prendre des gens avec eux. Ils essaient de former des partenariats que Dieu n'a pas ordonnés. Quand il s'agit du ministère, Dieu n'appelle pas un groupe de personnes. Il appelle un homme !

> **Je cherche parmi eux un homme...**
>
> *Ézéchiel 22,30*

La Bible ne dit pas que Dieu cherche un groupe d'hommes. Dieu a affaire avec nous en tant qu'individus. Dieu cherche un homme.

Aller avec un partenaire

Il y a plusieurs années au Ghana, il n'y avait pas beaucoup d'églises charismatiques dynamiques. Cependant, il y avait de nombreux ministères de chants et de théâtre dynamiques. Avec le temps, Dieu commença à appeler certains membres de ces groupes au ministère pastoral. Beaucoup de dirigeants de ces ministères furent amenés à établir des églises.

Toutefois, certaines de ces personnes firent l'erreur de se lancer en tant que groupe dans le monde de l'Église.

Abram partit, comme l'Éternel le lui avait dit, et Lot partit avec lui...

Genèse 12,4

Ce fut une grosse erreur ! Dieu n'appelait pas un groupe. Il appelait des individus. Beaucoup de gens qui étaient généralement appelés à être des pasteurs qui devaient réussir virent leurs ministères étouffés par les gens qu'ils avaient pris avec eux. Vous voyez, beaucoup de ces gens qui furent pris avec eux estimaient qu'ils avaient un pouvoir égal et une chance égale de s'exprimer avec le leader. Des comités exécutifs dirigeaient les ministères de chant et de théâtre, mais un comité ne peut pas diriger une église. Une église a besoin d'un leader fort soutenu par des assistants sages et loyaux.

Si vous lisez la Bible, vous remarquerez qu'à un temps donné, les serviteurs de Lot se querellèrent avec les serviteurs d'Abraham. Lot ne dit pas à ses serviteurs qu'ils avaient le privilège d'être avec Abraham. Il n'a pas rappelé à ses disciples que c'était Abraham qui était appelé et qu'il était juste pris avec lui par grâce.

Abraham dut régler la dispute. Abraham prit l'initiative de se séparer de Lot. Quand Abraham demanda à Lot de choisir une partie du pays, il prit la meilleure partie et laissa à Abraham, le vrai leader, ce qui restait. Parfois, quand vous faites des choses en tant que groupe, les gens autour de vous ne savent pas qui est le véritable chef. Ils pensent que c'est l'effort du groupe qui fait fonctionner les choses. C'est seulement après que Lot se soit séparé d'Abraham que Dieu commença à accomplir l'appel d'Abraham. Quand vous jouez plus de quinze minutes avec un enfant, il commence à penser que vous êtes de son âge !

Souvent, quand les gens se lancent dans les affaires, ils devraient vraiment le faire tout seuls, mais ils vont dans des partenariats. J'ai vu beaucoup de partenariats péniblement se rompre.

Si Dieu veut que vous mettiez en place une usine, allez-y et faites-le ! Croyez que Dieu peut le faire.

Parfois, quand vous vous impliquez avec des partenaires comme Lot, ils oublient que vous êtes celui qui a eu la vision. Le moment peut venir où ils vont même vous chasser de l'entreprise que vous avez créée. Décidez seulement d'obéir à Dieu et de Lui obéir totalement. Si Dieu vous a appelé seul, allez seul. Il amènera des gens pour vous aider. N'ayez pas peur ! La force n'est pas dans le nombre, elle est en Dieu.

La promotion ne vient pas parce que vous faites partie d'un groupe. La promotion viendra parce que Dieu vous a appelé. La promotion viendra parce que vous êtes obéissant !

2. L'ART DE SUIVRE ABRAHAM EST L'ART D'AVOIR FOI DANS LES MESSAGES DE L'ESPRIT SAINT.

Et il crut le Seigneur, et il lui imputa cela pour droiture.

Genèse 15,6 (KJF)

La Bible nous enseigne qu'Abraham crut en Dieu. C'est l'une des choses les plus remarquables à son sujet. Il est appelé le père de tous les croyants. Parce qu'Abraham avait foi en Dieu, Dieu était content de lui. Dire que vous suivez Abraham, c'est marcher dans la foi.

Jésus a souvent dit à ceux qui étaient guéris : « Ta foi t'a sauvé ». C'était l'usage de la foi qui a apporté les miracles à ces personnes.

Comment allez-vous pouvoir posséder une voiture ? Comment allez-vous pouvoir posséder une maison ? Combien coûte une voiture ? Une bonne voiture coûte des milliers de dollars. Beaucoup de gens qui lisent ce livre gagnent moins de cent dollars par mois. C'est la raison pour laquelle nous avons besoin de la foi. Vous devez savoir comment croire même quand cela paraît impossible. Qu'est-ce que vous avez à perdre ? La foi vous apportera de nombreuses bénédictions !

Vous devez choisir de croire que la puissance de Dieu va détruire la puissance de l'ennemi. Alors que vous lisez ce livre, je peux vous montrer plusieurs raisons pour lesquelles vous ne serez peut-être pas en vie la semaine prochaine. Vous trouverez qu'il y a de nombreuses raisons pour lesquelles vous pourriez mourir la semaine prochaine. Mais pourquoi penser à cela ? Pourquoi vivre dans la peur ? Pourquoi ne pas exercer la foi dans la bonté de Dieu ? Choisissez de croire que Dieu vous gardera.

Lorsque vous avez foi en la puissance protectrice de Dieu, vous plaisez au Père. Croyez que Dieu vous donnera une longue vie. Croyez que vous allez vivre jusqu'à un âge avancé. Croyez que vous vivrez pour voir vos enfants et les enfants de vos enfants ! Croyez que même si une belle voiture coûte des milliers de dollars, vous en aurez une ! Attendez-vous aussi à avoir une belle voiture que vous pourrez donner à quelqu'un un jour !

Abraham avait quatre-vingt-dix ans. Il avait cessé de faire l'amour avec sa femme. Il était vieux quand Dieu lui dit qu'il allait avoir un enfant. La possibilité pour Abraham d'avoir un enfant était de zéro, mais il crut en Dieu. **Dieu était très heureux avec Abraham parce qu'il croyait.** Dieu est très enthousiaste quand vous avez foi en Ses promesses !

...Sans la foi il est impossible de Lui être agréable.

Hébreux 11,6

Lisez la Bible et voyez comment les gens semblaient insensés quand ils crurent en Dieu. N'ayez pas peur de paraître bizarre quand vous agissez selon votre foi. Par la foi nous sommes sauvés ! Je promets et prédis qu'en dépit de tout, Dieu vous choisira et imprimera Son objectif sur votre vie. *Je vois Dieu en train d'imprimer Ses bénédictions sur votre vie en dépit des preuves contraires et des circonstances contradictoires !* Dieu va faire cela à cause de votre foi.

Plus vous exercez la foi, plus vous prospérerez. Plus vous êtes bénis, plus les gens parleront contre vous. Plus vous prospérez, plus les gens vous haïront. Ignorer leur haine, persévérez et assurez-vous de plaire à Dieu avec votre foi. La foi fut l'un des principes clés d'Abraham pour une vie réussie.

3. L'ART DE SUIVRE ABRAHAM EST L'ART DE GOUVERNER VOTRE PROPRE MAISON.

Si vous suivez Abraham, vous devez diriger votre foyer avec succès. L'une des raisons pour lesquelles Dieu choisit Abraham et Le bénit est qu'Abraham commanda à toute sa famille de Le servir. Quand Dieu fut sur le point de détruire Sodome et Gomorrhe, le Seigneur se dit : « Dois-je informer Abraham sur ce sujet ? Devrais-je lui parler ? » Beaucoup de gens aimeraient que Dieu leur parle. Alors, pourquoi Dieu a-t-il choisi de parler à Abraham? La réponse est dans la Bible. Il commanda à toute sa famille de garder Ses chemins :

> **Car je le connais, et je sais qu'il commandera à ses enfants, et à sa maison après lui, de garder le chemin du seigneur, pour faire justice et jugement...**
>
> **Genèse 18,19 (KJF)**

Beaucoup de gens ne se soucient pas de ce qui arrive spirituellement à leurs enfants. Ce qui les préoccupe, c'est que leurs enfants fréquentent de « bonnes » écoles et universités. En revanche, ils tiennent le développement spirituel de leurs enfants pour acquis.

Je ne voudrais pas élever un enfant qui finirait en enfer.

Si vous suivez Abraham, vous devez vous souciez que votre foyer serve le Seigneur. Il est plus important que vos enfants servent le Seigneur qu'ils aient une bonne éducation.

Dieu dit : « Je connais Abraham. Il va amener ses enfants au catéchisme. Il va leur faire étudier la Bible ».

Vos enfants devraient aller à l'école de dimanche et tout apprendre à propos de David, Abraham, Josué et de Jacob. Ils doivent connaître toutes les histoires de Jésus Christ. Ils doivent tout apprendre à propos d'Absalon, Lucifer et Judas. Il n'y a pas que les mathématiques et les sciences qui soient importantes !

Vous ne pouvez pas aller à l'église et laisser vos enfants à la maison regarder des films démoniaques. Dieu veut que vous assuriez que votre foyer tout entier Le serve. Dieu a travaillé avec Abraham, parce qu'il était persuadé qu'Abraham assurerait que toute sa famille servirait le Seigneur.

Si vous êtes un jeune homme, vous devez épouser une chrétienne. Certains épousent des femmes qui ne sont même pas chrétiennes. Certains épousent une femme juste parce qu'elle est belle. Oui, elle est peut-être une belle vase, mais elle est peut être vide à l'intérieur. Vous devez épouser quelqu'un qui a la Parole et l'Esprit.

Dieu dit : « Je connais Abraham, il va épouser une croyante. Il va les amener à l'église. Dieu veut que vous alliez à l'église avec votre conjoint.

Certains chrétiens permettent à leurs femmes d'échapper à tout contrôle. Ils vont à l'église tout seul, tandis que leurs épouses restent à la maison. Ils disent : « Elle ne voulait pas venir, alors je l'ai laissée ».

Vous devez avoir le contrôle de votre ménage : les domestiques, les visiteurs et même les chiens et les chats doivent servir le Seigneur. C'est l'art de suivre Abraham.

4. L'ART DE SUIVRE ABRAHAM EST L'ART DE CROIRE DANS LA DÎME ET LA PRATIQUE DE LA DÎME.

L'art de suivre Abraham est l'art de la dîme. Payer la dîme, c'est donner dix pour cent de tout ce que vous gagnez. Dans chaque église, il y a toujours un petit pourcentage de gens qui paient la dîme. Vous avez peut-être aussi remarqué que seulement un petit pourcentage de gens prospère. La dîme est un secret caché de nombreuses personnes. Abraham paya la dîme à Melchisédek.

Béni soit le Dieu Très Haut, qui a livré tes ennemis entre tes mains ! Et Abram lui donna la dîme de tout.

Genèse 14,20

Melchisédek était un prêtre du Dieu Très-Haut. Il représentait Dieu et l'Église. Tous les gens qui réussissent et qui ont marché avec Dieu, savent que c'est Dieu qui leur a donné ce qu'ils ont. Lorsque le roi David donna une offrande, il dit : « Je Te donne seulement ce que Tu m'as d'abord donné ».

> **Car qui suis-je et qui est mon peuple, pour que nous puissions te faire volontairement ces offrandes ? Tout vient de toi, et nous recevons de ta main ce que nous t'offrons.**
>
> **1 Chroniques 29,14**

Lorsque vous vous rendez compte que c'est Dieu qui vous donne quelque chose, vous aurez toujours envie de Lui être reconnaissant. Le roi Nabuchodonosor arriva à un moment de sa vie où il commença à se vanter de ce qu'il avait. Dieu n'aime pas les gens qui se vantent de choses qui leur ont été données. Dieu n'aime pas ça, quand les gens se vantent de choses qu'ils ont acquises par grâce. Dieu le frappa d'une maladie qui le fit se sentir comme une bête. Pendant sept ans, il joua dans l'herbe comme une bête. Quand il retrouva sa raison, il rendit gloire à Dieu.

Où que vous soyez dans la vie, rappelez-vous que Dieu a fait de vous ce que vous êtes. Êtes-vous intelligent ? Êtes-vous qualifié ? Êtes-vous beau ? Tout vient de Dieu. « Car qui est-ce qui te distingue ? Qu'as-tu que tu n'aies reçu ? Et si tu l'as reçu, pourquoi te glorifies-tu, comme si tu ne l'avais pas reçu ? » (1 Corinthiens 4,7).

Quand Dieu vous élève dans une position d'influence et d'autorité, s'il vous plaît rappelez-vous que vous y êtes par la grâce de Dieu. Toute position de puissance a une date d'expiration. Belschatsar, un autre roi, a appris cette leçon à la dure. Il était si heureux dans son palais qu'il prendre des verres à boire de l'église !

> **Le roi Belschatsar donna un grand festin à ses grands au nombre de mille, et il but du vin en leur présence.**
>
> **Daniel 5,1**

Il ne voulait pas seulement boire du vin. Il voulait boire du vin dans les vases sacrés. Il voulait désacraliser l'Église. Il a ridiculisé les églises et les pasteurs.

Belschatsar, quand il eut goûté au vin, fit apporter les vases d'or et d'argent que son père Nebucadnetsar avait enlevés du temple de Jérusalem, afin que le roi (...) et ses concubines, s'en servissent pour boire.

Daniel 5,2

Ce fut une erreur ! Il but du vin dans les vases sacrés.

Alors on apporta les vases d'or qui avaient été enlevés du temple, de la maison de Dieu à Jérusalem; et le roi et ses grands, ses femmes et ses concubines, s'en servirent pour boire. Ils burent du vin, et ils louèrent les dieux d'or, d'argent, d'airain, de fer, de bois et de pierre.

Daniel 5,3-4

Chaque poste que vous occupez dans cette vie est par la grâce de Dieu. Si vous ne décidez pas de rendre gloire à Dieu, Il va divinement vous changer de place et vous remplacer. L'une des façons par lesquelles celui qui réussit peut rendre gloire à Dieu est de reconnaitre la grâce de Dieu et de payer la dîme. Êtes-vous puissant ? Avez-vous de l'argent? Un mari ? Une femme ? Des voitures? Un poste ? Vous devez vous rappeler que ces choses viennent du Seigneur.

Abraham connaissait ce secret. Il savait qu'il devait être reconnaissant envers Dieu pour son succès, alors il paya la dîme.

Si vous voulez suivre Abraham, vous devez apprendre à payer la dîme. Je veux vous faire remarquer une grande bénédiction qui vint à Abraham après qu'il eut payé sa dîme. Dieu lui donna un enfant. Dieu se senti poussé à donner plus de bénédictions à Abraham.

APRÈS CES ÉVÈNEMENTS [LA PAYE DE LA DÎME], la parole de l'Éternel fut adressée à Abram

dans une vision, et il dit : Abram, ne crains point ; je suis ton bouclier, et ta récompense sera très grande (…). Alors la parole de l'Éternel lui fut adressée ainsi : ce n'est pas lui qui sera ton héritier, mais c'est CELUI QUI SORTIRA DE TES ENTRAILLES QUI SERA TON HERITIER. .

Genèse 15,1.4

Ce fut la première fois que Dieu dit spécifiquement à Abraham qu'il allait avoir son propre enfant spécial, qui ne serait pas l'enfant de sa servante. Abraham avait tout au monde, mais il n'avait pas d'enfant. Dieu sait ce que vous n'avez pas. Il sait où est votre plus grand besoin. Il donna à Abraham ce qu'il ne pouvait pas acheter avec de l'argent. Abraham était un grand homme, il réussit et était riche, mais il n'avait pas tout. Il n'avait pas d'enfant. Il était si puissant qu'il avait sa propre armée privée. Son armée privée venait de combattre et de gagner une guerre. Combien de gens sur terre aujourd'hui ont leur propre armée privée ? Abraham avait la richesse, le prestige et une longue vie, mais il n'avait pas d'enfant.

S'il vous plaît lisez votre Bible et voyez par vous-même si ce que je dis est vrai ou non. Dans Genèse 14, Abraham paye sa dîme et ensuite dans Genèse 15, dans les versets qui suivent juste après, Dieu lui dit qu'il va recevoir son miracle. **Dieu bénit ceux qui paient la dîme.** Allez dans une église et cherchez ceux qui ont systématiquement payé la dîme pendant des années. Leurs vies sont différentes de celles qui n'ont pas payé la dîme. Venez au Seigneur et honorez-Le chaque mois.

Honore l'Éternel avec tes biens, et avec les prémices de tout ton revenu : Alors tes greniers seront remplis d'abondance, et tes cuves regorgeront de moût.

Proverbes 3,9-10

Dieu vous a donné le travail que vous avez. Les gens qui réussissent savent cela et respectent ce fait ! Les prémices sont pour le Seigneur. Payer la dîme n'est pas quelque chose qu'on doit vous rappeler. Le fait que vous soyez en vie doit vous rappeler de payer la dîme. Quand vous donnez la dîme à Dieu, vous devenez plus spirituel. Cela vous rend plus engagé. Quand votre trésor est dans la maison du Seigneur, vous vous intéressé à l'église.

Car là où est ton trésor, là aussi sera ton cœur.

Matthieu 6,21

Je pense que la raison pour laquelle certains ont des difficultés à donner au Seigneur est qu'ils ne croient pas ou ne comprennent pas que c'est plus une bénédiction de donner que de recevoir. Si c'est plus une bénédiction de donner que de recevoir, alors ceux qui donnent ont un avantage sur ceux qui reçoivent.

Si c'est plus une bénédiction de donner, alors ceux qui reçoivent sont dans une situation désavantageuse (relativement parlant). Les soi-disant pays en développement reçoivent de l'aide des puissances occidentales depuis des années. Cela les a-t-il aidés ? Très peu ! Plus de gens donnent au tiers monde, plus leur pauvreté empire. Beaucoup de gens sont aux prises avec cette réalité pour leur propre destruction.

Même si vous avez peu, vous pouvez toujours donner quelque chose. Dieu calcule vos dons par rapport à ce que vous avez au total. Dieu veut que vous donniez par rapport à ce que vous avez.

Il vint aussi une pauvre veuve, elle y mit deux petites pièces (…). Alors Jésus, ayant appelé ses disciples, leur dit : Je vous le dis en vérité, cette pauvre veuve a donné plus qu'aucun de ceux qui ont mis dans le tronc ; car tous ont mis de leur superflu, mais elle a mis de son nécessaire, tout ce qu'elle possédait, tout ce qu'elle avait pour vivre.

Marc 12,42-44

Je vous vois sortir de la pauvreté, alors que vous devenez donateur. Je vous vois payer la dîme. Je vous vois offrir vos premiers et meilleurs fruits au Seigneur. Je vous vois joindre ce petit groupe de gens qui ont du succès dans cette vie.

Écoutez-moi, Dieu n'a pas besoin de votre argent ! Il n'a pas besoin de vos petites offrandes. Que vous payiez votre dîme ou non, l'Église ira de l'avant. Dieu est juste en train d'essayer de vous aider. Abraham savait que Dieu n'avait rien besoin de lui. La Parole de Dieu dit que l'argent, l'or et le bétail appartiennent au Seigneur.

Alors que vous lisez ce livre, permettez à votre ministère d'entrer dans le royaume de l'approbation et de la promotion divine. Je vois Dieu vous donner la promotion divine alors que vous payez votre dîme.

La promotion divine et l'élévation vous sont offertes si vous suivez Abraham. Allez de l'avant et ne retournez jamais en arrière. Dieu vous mène du minimum au maximum et du négatif au positif. Suivez Abraham et profitez de grandes bénédictions.

5. L'ART DE SUIVRE ABRAHAM EST L'ART DE L'INTERCESSION.

L'art de suivre Abraham est l'art de l'intercession. La Bible nous enseigne comment Abraham intercéda pour Sodome et Gomorrhe. Quand Abraham pria pour Sodome et Gomorrhe, il accomplissait un principe divin.

La plupart des chrétiens sont absorbés par leurs propres problèmes. Beaucoup de femmes sont submergées par les problèmes de leur mariage en difficulté. Elles veulent sans cesse qu'on prie pour elles et qu'ont leur donne l'onction. Mais leurs problèmes ne semblent jamais s'en aller.

Abraham avait ses propres problèmes, mais il pria pour Sodome et Gomorrhe. Abraham n'avait pas d'enfant. Il souffrait peut-être d'azoospermie, d'oligospermie, ou même d'impuissance. Les médecins n'avaient pas de solutions pour ses problèmes médicaux. Abraham avait aussi des problèmes familiaux. Il avait tellement de richesses et il n'avait personne pour en hériter. Il y avait seulement des serviteurs pour hériter du travail de sa vie. Il n'avait pas d'enfant. Abraham avait aussi des problèmes conjugaux à cause d'une servante avec laquelle il avait couché.

En dépit de tout cela, Abraham a trouvé le temps d'intercéder pour Sodome et Gomorrhe. Sa prière était si sincère et intense que Dieu accepta de répondre à ses prières. Cette prière était si importante qu'elle a été rapportée dans la Bible.

Abraham s'approcha, et dit : Feras-tu aussi périr le juste avec le méchant ? (...) Abraham dit : Que le Seigneur ne s'irrite point, et je ne parlerai plus que cette fois. Peut-être s'y trouvera-t-il dix justes. Et l'Éternel dit : Je ne la détruirai point, à cause de ces dix justes.

Genèse 18,23.32

Je crois que c'est l'une des clés de la réussite abrahamique. Oubliez vos problèmes et souciez-vous plutôt du royaume de Dieu et des problèmes de Dieu. Vous commencerez à éprouver des percées surnaturelles dans votre vie. Vous ne comprendrez même pas pourquoi Dieu vous bénit.

Lorsque vous commencez à prier pour les autres, vous passez à un autre niveau de chrétienté. Je sais que beaucoup de chrétiens qui réussissent prient rarement pour eux-mêmes. Ils sont toujours en train de conseiller et prier pour les autres.

La plupart des chrétiens pensent : « Quand tout ira bien et quand Dieu m'aura béni, je me mettrai à prier pour les autres ». Mais vous ne vous rendez pas compte de l'ordre divin que vous devez suivre. Ils essaient de mettre la charrue avant les bœufs, mais la charrue ne peut pas aller devant les bœufs. Cherchez *d'abord* le royaume de Dieu. Quand vous aurez d'abord donné la priorité au royaume de Dieu, vous pourrez alors vous occuper de votre propre royaume.

Dans la prière du Seigneur, le premier thème est : « Que ton règne vienne et que ta volonté soit faite ». La première prière n'est pas : « Bénis-moi, donne-moi et aide-moi Seigneur ! »

Je conseille souvent à ceux qui ont besoin de l'aide de Dieu : « Impliquez-vous dans l'œuvre de Dieu. Enterrez-vous dans le l'œuvre de Dieu ! Priez pour les autres ! Que les problèmes des autres deviennent vos préoccupations ! » Vous serez surpris de voir comment les choses prennent une tournure dramatique.

Quand Dieu verra que vous voulez construire Sa maison, Il s'intéressera à la construction de *votre* maison. Il y a plusieurs années, j'ai entendu un grand homme de Dieu dire : « Si vous construisez une maison pour Dieu, Dieu vous construira une maison ». J'ai trouvé que ceci était une vraie et fiable déclaration. Dieu veut que les gens se préoccupent de Son travail. Paul dit à propos de Timothée :

> **Car je n'ai personne ici qui partage mes sentiments, pour prendre sincèrement à cœur votre situation ; tous, en effet, cherchent leurs propres intérêts, et non ceux de Jésus Christ.**
>
> Philippiens 2,20-21

Vous remarquez dans ce passage de l'Écriture un vieux problème: tout le monde cherchait son propre bien-être. Personne ne se souciait vraiment de l'œuvre de Dieu. Tout le monde pense à soi et à ses problèmes. Si vous faites du royaume de Dieu votre principale préoccupation et si vous intercédez comme Abraham pour les gens, vous allez attirer les bénédictions surnaturelles de Dieu.

En 1985, alors que j'étais en troisième année à la faculté de médecine, je pris une décision pour le Seigneur. J'ai décidé de ne plus rechercher de lauriers académiques. Je venais de terminer la deuxième année et j'avais conclu que cela ne valait pas la peine de chercher pour des couronnes terrestres. Je me souviens dire à ma « bien-aimée » : « À partir de maintenant, cela ne m'intéresse plus de me qualifier avec distinction dans cette école ». Je ne veux pas de prix. Tout ce que je veux est de réussir à mes examens ». J'ai ajouté : « À partir de maintenant, je vais construire le royaume de Dieu et l'Église ».

C'est à partir de ce moment que j'ai commencé à devenir pasteur ; j'ai fini par créer l'église Lighthouse Chapel International. C'est intéressant de noter que lorsque j'ai pris la décision de ne pas rechercher de grands lauriers académiques, j'ai en fait reçu des distinctions et gagné des prix.

Vous voyez, dans le royaume, la façon de monter est de descendre. Dans le royaume, la façon de recevoir est de donner. Dans le royaume, la façon de résoudre vos problèmes est de résoudre les problèmes de Dieu. Avez-vous jamais lu ce qui est arrivé à Job ? Il avait plus de problèmes que n'importe qui d'entre nous. Job avait des amis qui avaient besoin d'aide spirituelle. Job décida de prier pour ses amis et regardez ce qui s'est passé !

L'Éternel rétablit Job dans son premier état, QUAND JOB EUT PRIÉ POUR SES AMIS ; et l'Éternel lui accorda le double de tout ce qu'il avait possédé.

Job 42,10

Qui a reçut la bénédiction quand Job pria ? Pour qui pria-t-il ? Job pria pour ses amis. Mais quand Dieu fut touché, c'est les problèmes de Job qui furent résolus ! N'est-ce pas incroyable ? Job reçut la bénédiction quand il intercéda pour ses amis. N'est-ce pas intéressant ?

Vous priez pour les *autres* et *vous* recevez la bénédiction ! C'est un principe éternel.

C'est l'un des principes du succès. Époux, épouses, hommes d'affaires, prêtez attention s'il vous plaît aux choses de Dieu. Au temps d'Abraham, la préoccupation majeure de Dieu était l'état déplorable de Sodome et de Gomorrhe. Abraham en fit son problème et il pria sincèrement à ce sujet. Pour cette raison, Dieu bénit Abraham plus que tous les hommes de sa génération.

C'est l'une des clés d'une vie réussie sur cette terre. Cherchez d'abord le royaume de Dieu ! Intercédez pour les autres ! Aidez les autres ! Construisez l'Église de Dieu ! Construisez une maison pour Dieu, et Dieu vous construira une maison !

6. L'ART DE SUIVRE ABRAHAM EST L'ART DE PRENDRE SA CROIX.

Dieu avait béni Abraham avec un enfant. Après cela, Abraham passa par le test ultime. Dieu lui demanda de sacrifier son fils unique. C'était une demande très importante du Seigneur. Dieu voulait voir si Abraham était prêt à renoncer à tout pour Lui.

Je crois que Dieu veut que vous soyez le Sien. Je ne pense pas que ce soit seulement Abraham qui a été éprouvé de cette manière. Je crois que chaque chrétien aura un « Isaac » que Dieu lui demandera un jour. Serez-vous prêt à renoncer à votre

Isaac ? Vous ne pouvez renoncer à votre « Isaac » que si vous êtes entièrement soumis à Dieu.

Quand vous commencerez à marcher avec Dieu, Il vous demandera à propos de tous les « Isaac » de votre vie. Il peut commencer avec la musique. Ensuite, Il peut vous demander de renoncer à des amis. Puis Il peut vous demander de Lui donner plus de votre temps. Je devrais peut-être vous avertir, ne laissez rien devenir trop précieux à vos yeux.

Tout ce qui devient trop précieux attirera l'attention du Seigneur et Il peut vous le demander. Dieu veut être le seul Dieu dans votre vie. Notre Dieu est un Dieu jaloux. Il déteste l'odeur même des idoles.

Petits enfants, gardez-vous des idoles. Amen.
1 Jean 5,21 (KJF)

Une vision d'or

Il y a plusieurs années, quand je commençais dans le ministère, le Seigneur me donna une vision. Je marchais sur un chemin long et sinueux. Sur ce chemin, il y avait des tas d'une certaine matière. Ils ressemblaient à des tas de sable. Comme je continuais à marcher sur le chemin, je m'approchai de l'un des tas et je découvris que c'était un tas d'or. J'ai immédiatement eu l'envie de m'arrêter et d'en ramasser autant que possible. Mais j'entendis la voix de Dieu me dire : « Ne t'arrête pas ! Continue à marcher ! »

Alors Dieu me dit : « C'est la route du ministère pour toi. Quand tu y marcheras, tu rencontreras beaucoup de ces tas d'or ».

Il me dit : « Ne t'arrête pas à l'or. L'or n'est pas important ».

Il poursuivit : « Il y a beaucoup de tas semblables plus loin. Pourquoi t'arrêter à l'un d'eux et ne pas aller plus loin ? »

Depuis ce temps, l'argent en quelque sorte a perdu son importance pour moi. Je ne vois l'argent que comme un outil.

Je le vois comme quelque chose que je vais rencontrer le long du chemin. Ce n'est pas quelque chose que je dois rechercher et accumuler.

Dieu m'a donné cette vision pour m'aider à Le considérer comme plus important que tout le reste. Je me suis rendu compte que suivre le Seigneur, Lui-même, conduirait à combler tous mes besoins. Dès que quelque chose devient trop précieux pour vous, cela devient une idole potentielle.

Le Seigneur n'a pas voulu qu'Abraham remplace son amour pour Dieu par son amour pour Isaac.

Cher ami, Abraham allait devenir le père de plusieurs millions d'enfants. Avant que Dieu puisse lui confier une telle bénédiction, Il devait s'assurer que la bénédiction ne remplacerait jamais son amour pour Dieu.

Avant que Dieu puisse vous bénir d'une manière spéciale, Il a besoin d'être sûr de vous. Ne gardez rien pour vous ! Donnez-Lui tout et Il fera de vous quelqu'un de grand qui réussira dans cette vie !

Suivez Abraham dans la grandeur et recevez une bénédiction permanente dans votre vie.

Chapitre 6

L'art de suivre Isaac

1. L'ART DE SUIVRE ISAAC EST L'ART DE PERMETTRE À VOTRE PÈRE DE VOUS CHOISIR UNE ÉPOUSE.

> Abraham dit à son serviteur, le plus ancien de sa maison (…) d'aller dans mon pays et dans ma patrie prendre une femme pour mon fils Isaac.
>
> Genèse 24,2-4

Avouons-le. La plupart d'entre nous ne connaissions pas ce que nous choisissions quand nous avons choisi une épouse. Je suis marié depuis plus de vingt-deux ans et je peux voir mon immaturité au temps où j'ai choisi une épouse.

Vous connaissez plus de choses sur le choix d'une épouse après en avoir choisi une et avoir été marié depuis un certain temps. Quand je vois les jeunes tomber amoureux et être absolument enchantés par la mauvaise personne, je m'émerveille de l'aveuglement si omniprésent chez un jeune. Pourtant, les jeunes sont si sûrs de leurs mauvais choix quand ils les font. C'est presque impossible de leur implanter du bon sens dans la tête à cet âge-là.

Quelqu'un doit avoir une très haute forme de sagesse et d'avoir autant de connaissance que votre père pour pouvoir vous choisir un conjoint. La plupart de nos jeunes d'aujourd'hui ne veulent pas accepter une telle idée. Je doute que j'aurais accepté une telle idée quand j'étais sur le point de me marier. À ce stade, je pensais aussi que je savais tout et je n'aurais pas été ouvert aux suggestions sur qui je devais épouser.

La raison pour laquelle nous pouvons attraper des animaux sauvages est parce qu'ils ne varient jamais leurs activités et ne changent jamais leurs instincts de base. Vous vous élevez au-dessus de l'état animal quand vous faites ce qui n'est pas uniquement fondé sur vos instincts.

Un jour, j'ai répondu à un jeune homme qui me demandait de l'aider à choisir une épouse. Je lui dis qui je pensais être une bonne épouse. Comme je lui donnais des conseils, je me demandais dans quelle mesure mon esprit opérait différemment parce que j'étais plus âgé et plus expérimenté. L'art de suivre Isaac est l'art de s'appuyer sur la sagesse des personnes plus âgées et expérimentées.

Tous les célibataires de l'église auraient des conjoints s'ils écoutaient leurs pasteurs. Mais ils ne veulent pas écouter, alors ils vivent toute leur vie sans connaitre certaines bénédictions.

2. L'ART DE SUIVRE ISAAC EST L'ART DE SURMONTER LA CRISE DE NE PAS AVOIR D'ENFANT.

> Isaac était âgé de quarante ans, quand il prit pour femme Rebecca, fille de Bethuel, l'Araméen, de Paddan Aram, et sœur de Laban, l'Araméen.
>
> ISAAC IMPLORA L'ÉTERNEL POUR SA FEMME, car elle était stérile, et l'Éternel l'exauça : Rebecca, sa femme, devint enceinte.
>
> Genèse 25,20-21

Malgré votre piété et votre droiture, vous devrez passer par des crises dans la vie. Cela ne devrait pas vous surprendre ou vous étonner, parce que nous sommes aussi appelés à souffrir pour Christ. Dans le livre de Daniel, vous voyez comment des gens sages passent par des épreuves pour les rendre purs et les purifier d'illusions et d'autres maux.

> *Quelques-uns* **DES HOMMES SAGES SUCCOM- BERONT, AFIN QU'ILS SOIENT ÉPURÉS, PURIFIÉS ET BLANCHIS, jusqu'au temps de la fin, car elle n'arrivera qu'au temps marqué.**
>
> **Daniel 11,35**

Tout le monde ne va pas avoir un enfant. La crise de ne pas avoir d'enfant vous touchera d'une façon ou d'une autre. Elle ne vous touchera peut-être pas personnellement, mais peut-être votre fils ou votre fille. Elle pourra toucher votre ami. Elle pourra toucher votre sœur. Elle pourra toucher un membre de votre église. Elle pourra toucher votre ami. D'une manière ou d'une autre, vous rencontrerez ce problème sur terre.

Comme Isaac, vous devrez surmonter ce problème. Isaac supplia Dieu. Cela veut dire qu'Isaac pria. Vous devez aussi prier et faire confiance à Dieu. Parfois, la lutte pour avoir un enfant se traduira en enfant miracle. Parfois, elle ne résultera pas dans le fait d'avoir des enfants. Dieu est celui qui donne les enfants et cela Lui appartient. Nous ne comprenons pas tout, mais notre confiance et notre foi doivent être en Dieu.

Vous n'êtes pas le seul qui soit passé par cette crise. Dieu a un plan pour vous. Vous devez suivre l'exemple d'Isaac et supplier Dieu.

3. L'ART DE SUIVRE ISAAC EST L'ART DE VIVRE DANS LA VOLONTÉ DE DIEU.

IL Y EUT UNE FAMINE DANS LE PAYS, outre la première famine qui eut lieu du temps d'Abraham; et Isaac alla vers Abimélec, roi des Philistins, à Guérar.
L'ÉTERNEL lui apparut, ET DIT : NE DESCENDS PAS EN ÉGYPTE, demeure dans le pays que je te dirai.
SÉJOURNE DANS CE PAYS-CI : je serai avec toi, et je te bénirai ;

Genèse 26,1-3

Isaac habitait où il habitait parce que c'était la volonté de Dieu pour lui. La plupart des gens vivent là où ils vivent pour des raisons financières. Vivre dans un endroit particulier en raison de la volonté de Dieu et non pour une raison financière c'est l'art de suivre Isaac.

Comme tout le monde, Isaac était sur le point de quitter le pays à cause de la famine (difficultés financières). C'est ce que font la plupart des gens ordinaires. Pour passer à la dimension supérieure de la volonté de Dieu, vous ne devez pas être guidé par l'argent, mais par la volonté et les décisions du Seigneur.

4. L'ART DE SUIVRE ISAAC EST L'ART DE S'ÉPANOUIR DANS UN PAYS PAUVRE.

Séjourne dans ce pays-ci (frappé par la pauvreté et la famine) : je serai avec toi, et je te bénirai

Genèse 26,3

Pensez-y. Dieu vous ordonne d'habiter dans un pays frappé par la pauvreté et la famine. Est-ce vraiment sage quand tout le monde migre vers des pâturages plus verts ? Le meilleur endroit n'est pas le pays le plus riche au monde. Le meilleur endroit, c'est être dans la volonté de Dieu. J'ai vu des gens s'appauvrir quand ils sont partis vers les pays riches.

Les vraies bénédictions se trouvent dans la volonté de Dieu. Si vous êtes ouvert et obéissant, vous mangerez les meilleurs fruits du pays. Que le pays soit riche ou pauvre, vous mangerez les meilleurs fruits du pays. Isaac prospéra parce qu'il suivit beaucoup d'instructions. L'art de suivre Isaac est l'art de vivre là où Dieu vous dit de vivre.

5. L'ART DE SUIVRE ISAAC EST L'ART DE SEMER DANS LA PAIX.

Il se transporta de là, et creusa un autre puits, pour lequel on ne chercha pas querelle ; et il l'appela Rehoboth, car, dit-il, L'ÉTERNEL nous a maintenant mis au large, et NOUS PROSPÉRERONS dans le pays.

Genèse 26,22

Si vous voulez suivre l'exemple d'Isaac, vous devez suivre son grand exemple de devenir prospère par la réalisation ou l'acquisition de la paix.

Le fruit de la justice est semé dans la paix par ceux qui recherchent la paix.

Jacques 3,18

L'Écriture est claire que le fruit de la justice est semé dans la paix par ceux qui recherchent la paix. Si vous voulez faire l'œuvre de Dieu, vous devez atteindre un certain niveau de paix.

Salomon bâtit beaucoup de grandes choses, parce qu'il est entré dans une ère de paix donnée par Dieu. David, par contre, ne put rien construire, parce qu'il était toujours en train de se battre.

La clé de la paix

Chasse le moqueur, et la querelle prendra fin ; Les disputes et les outrages cesseront.
Proverbes 22,10

La clé de la paix est la clé de la séparation. La séparation est la clé principale pour parvenir à la paix avec quelque chose ou quelqu'un quand vous avez un conflit. Isaac est parvenu à la paix en s'éloignant de ceux qui luttaient avec lui. Vous pouvez parvenir à la paix en vous éloignant de ceux qui sont en lutte avec vous. Si vous êtes constamment en conflit avec un ami, un frère ou un collègue pasteur, la clé pour parvenir à la paix est de s'éloigner et de séparer votre vie de la sienne. Vous vivrez alors à part et en paix.

Si vous êtes constamment en conflit avec votre pasteur adjoint qui ne croit pas à votre appel, vous devez vous séparer de lui en le renvoyant ou en lui demandant de démissionner.

Si vous êtes constamment en conflit avec votre pasteur principal, vous pouvez parvenir à la paix en démissionnant et en vous séparant de son ministère.

Si vous êtes constamment en conflit avec votre conjoint, parvenez à la paix en séparant ce qui vous appartient.

Les conflits conjugaux sont provoqués par des chrétiens qui tentent de fusionner leurs vies et de faire tout ensemble de la même manière. Vous oubliez que vous étiez des individus qui menaient une vie réussie totalement séparée et heureuse. Les conflits apparaissent quand l'un veut dormir, mais l'autre veut se lever, quand l'un veut manger, mais pas l'autre; quand l'un veut sortir, mais l'autre veut rester à la maison. Une certaine séparation au sein du mariage est nécessaire.

Rappelez-vous qu'il n'existe pas deux êtres humains qui prendront la même décision de la même manière au même moment !

Les mariés ne sont pas des siamois

Je me souviens regarder deux jeunes femmes qui étaient nées et jointes ensemble comme des sœurs siamoises. Elles avaient environ dix-huit ans, mais elles n'avaient qu'un seul foie. Elles avaient vécu ensemble et partagé leur foie pendant dix-huit ans. Elles étaient obligées d'aller aux toilettes en même temps, de se laver en même temps, de manger en même temps, de dormir en même temps, de sortir en même temps, d'entrer en même temps, de parler en même temps, de regarder la télévision en même temps, d'uriner en même temps, d'aller à la pharmacie en même temps, de parler à la même personne en même temps, *toujours* !

En fait, les sœurs siamoises souffraient vraiment à cause de leur union et elles ne pouvaient plus le supporter. Je les ai vues à la télévision, elles disaient qu'elles allaient subir une opération qui n'avait jamais été faite auparavant. Ils allaient essayer de les séparer, même si elles n'avaient qu'un foie. L'opération allait durer plusieurs heures et les chances de survie de l'opération n'étaient pas été très élevées, parce que c'était une expérience. Les sœurs siamoises étaient interviewées avant l'opération. On leur demanda si elles voulaient vraiment prendre le risque de subir l'opération. Mais toutes deux étaient sûres qu'elles voulaient subir l'opération.

Elles disaient : « Ça nous fait rien de mourir. La vie où nous sommes jointes de cette manière est insupportable et nous préférons mourir que de continuer à vivre uni de cette manière ».

Ce fut une révélation pour moi. Je me suis rendu compte que les gens avaient besoin d'être libres dans le mariage pour vivre heureux. Même s'ils sont unis par le mariage et s'aiment, il est insupportable de fusionner tous les aspects de votre vie.

C'est cette fusion absolue qui est implicite et considérée comme étant le mariage chrétien idéal. Mais je peux vous dire que les gens auraient des coexistences plus paisibles, s'ils acceptaient d'avoir une certaine séparation dans leurs activités, leurs amitiés et leurs relations.

6. L'ART DE SUIVRE ISAAC EST L'ART DE BÉNIR ET DE MAUDIRE L'AUTORITÉ.

Que des peuples te soient soumis, et que des nations se prosternent devant toi ! Sois le maître de tes frères, et que les fils de ta mère se prosternent devant toi ! Maudit soit quiconque te maudira, et béni soit quiconque te bénira.

Genèse 27, 29

Vous vous demandez peut-être pourquoi une bonne et décente personne peut avoir à maudire. Il y a des raisons où les serviteurs de Dieu doivent utiliser des malédictions pour accomplir la volonté de Dieu. Les malédictions entrent en jeu, parce que les serviteurs de Dieu sont souvent sans aucun pouvoir pour protéger le travail qu'ils sont appelés à faire.

Grâce à vos bénédictions et aux malédictions, vous pouvez faire la guerre à l'ennemi et accomplir de grandes choses pour Dieu. À un certain nombre de reprises, l'Esprit Saint m'a amené à protéger l'église en maudissant les destructeurs et les rebelles qui avaient l'intention de supplanter tout ce qui avait été réalisé pour la gloire de Dieu.

Il y a de nombreuses occasions où un serviteur de Dieu est impuissant, où il n'a aucun pouvoir de se défendre, ni de défendre le travail du ministère. Les malédictions sont des défenses appropriées pour le travail délicat que Dieu lui a donné à faire.

1. Moïse s'est servi de malédictions

Quand Moïse a jeté les fondations de la nation d'Israël, il a prononcé de façon pertinente une série de malédictions débilitantes sur ceux qui voudraient annuler ses efforts en désobéissant à Dieu. Ces malédictions ont aidé à déclencher des vagues d'énergie qui ont servi à corriger les Israélites et à les ramener dans le rang.

Moïse a prononcé un total de cent vingt-quatre malédictions que l'on trouve de Deutéronome 27,14 à Deutéronome 28,68.

Il y a douze malédictions dans Deutéronome 27,14-26.
Il y a douze malédictions dans Deutéronome 28,15-20.
Il y a douze malédictions dans Deutéronome 28,21-29.
Il y a douze malédictions dans Deutéronome 28,30-44.
Il y a douze malédictions dans Deutéronome 28,48-57.
Il y a douze malédictions dans Deutéronome 28,58-68.

2. Josué s'est servi de malédictions

Josué dut aussi se servir d'une malédiction pour établir son œuvre. Il avait livré un bon combat et possédait la Terre promise pour le peuple d'Israël. Il prononça une malédiction contre quiconque rebâtirait Jéricho, la première ville qu'il avait prise.

> Ce fut alors que Josué jura, en disant : Maudit soit devant L'ÉTERNEL l'homme qui se lèvera pour rebâtir cette ville de Jéricho ! Il en jettera les fondements au prix de son premier-né, et il en posera les portes au prix de son plus jeune fils ».
>
> Josué 6,26

3. Isaac s'est servi de bénédictions

Isaac était impuissant à influencer l'avenir de ses fils par sa présence, par son argent ou par ses décisions. Il utilisa alors le seul pouvoir qu'il avait et prononça des mots de bénédictions.

> **Apporte-moi du gibier et fais-moi un mets que je mangerai ; et je te bénirai devant L'ÉTERNEL avant ma mort ».**
>
> **Genèse 27,7**

La puissance de votre parole est réelle. Vous devez croire en la puissance qui vient par vos déclarations et vos confessions. Ces déclarations et ces confessions constituent les bénédictions ou les malédictions qui sont vos armes.

Remarquez comment les paroles de l'ange fortifièrent Daniel. Daniel déclara : « J'ai été fortifié parce que tu m'as dit ». Daniel révéla comment il avait été fortifié par ce qui lui avait été dit. Les gens seront fortifiés quand vous leur direz de bonnes paroles. « Puis il me dit : Ne crains rien, homme bien-aimé, que la paix soit avec toi ! courage, courage ! Et COMME IL ME PARLAIT, JE REPRIS DES FORCES, et je dis : « Que mon seigneur parle, car tu m'as fortifié ». (Daniel 10,19)

Isaac prononça une bénédiction trois fois

1. « Que Dieu te donne de la rosée du ciel et de la graisse de la terre, du blé et du vin en abondance ! Que des peuples te soient soumis, et que des nations se prosternent devant toi ! Sois le maître de tes frères, et que les fils de ta mère se prosternent devant toi ! Maudit soit quiconque te maudira, et béni soit quiconque te bénira ». (Genèse 27,28-29)

2. Isaac, son père, répondit, et lui dit : Voici ! Ta demeure sera privée de la graisse de la terre et de la rosée du ciel, d'en haut. Tu vivras de ton épée, et tu seras asservi à ton frère ; mais en errant librement çà et là, tu briseras son joug de dessus ton cou ». (Genèse 27,39-40)

3. Isaac appela Jacob, le bénit...

    Que le Dieu tout-puissant te bénisse, te rende fécond et te multiplie, afin que tu deviennes une multitude de peuples ! Qu'il te donne la bénédiction d'Abraham, à toi et à ta postérité avec toi, afin que tu possèdes le pays où tu habites comme étranger, et qu'il a donné à Abraham ! » (Genèse 28,1-4).

7. **L'ART DE SUIVRE ISAAC EST L'ART DE VAINCRE LA TROMPERIE QUI VOUS ENTOURE PAR LA FOI EN DIEU.**

    Isaac, son père, lui dit : Qui es-tu ? Et il répondit : Je suis ton fils aîné, Ésaü.

    Isaac fut saisi d'une grande, d'une violente émotion, et il dit : Qui est donc celui qui a chassé du gibier, et me l'a apporté ? J'ai mangé de tout avant que tu vinsses, et je l'ai béni. Aussi sera-t-il béni.

Genèse 27,32-33

Isaac a été trompé par son fils Jacob. Jacob lui mentit et lui dit qu'il était Ésaü. Mais par la puissance de Dieu, les tromperies lancées contre lui ne purent pas affecter la volonté de Dieu sur sa vie.

Un leader doit se rendre compte que les gens autour de lui jouent toujours un jeu de tromperie, d'une façon ou d'une autre. Certains racontent ouvertement des mensonges, certains jouent avec votre vanité en vous louant un peu malhonnêtement, d'autres mènent des vies hypocrites et ne vous présentent qu'un seul côté de ce qu'ils sont vraiment. La plupart des gens jouent avec la vanité du leader, sachant qu'il aspire à être perçu comme quelqu'un de grand et qui réussit.

Grâce à la puissance de Dieu, aucune de ces tromperies ne se retournera contre vous. Mais les tromperies déchaînées contre vous s'avèreront que pour votre bien et accompliront la volonté de Dieu.

Isaac n'a pas été vaincu par la tromperie. La volonté de Dieu sur sa vie a été accomplie malgré la tromperie. Il est plus réaliste de vous rendre compte qu'il y a une certaine déception autour de vous. Attendez-vous à ce que la puissance de Dieu vous délivre des effets de la tromperie. La volonté de Dieu sur votre vie s'accomplira en dépit des conspirateurs, des imposteurs et des menteurs qui vous entourent.

8. L'ART DE SUIVRE ISAAC EST L'ART DE TIRER LE MEILLEUR PARTI DE VOTRE HÉRITAGE.

Et Abraham donna tous ses biens à Isaac.

Genèse 25,5

Isaac hérita avec succès le ministère de son père. Il ne détruisit pas la richesse qu'il avait héritée de son père. Isaac fut différent de Roboam, qui hérita de tout ce qu'avait Salomon, mais le perdit en cinq ans.

LA CINQUIÈME ANNÉE DU RÈGNE DE ROBOAM, Schischak, roi d'Égypte, monta contre Jérusalem. Il prit les trésors de la maison de l'Éternel et les trésors de la maison du roi, il prit tout. Il prit tous les boucliers d'or que Salomon avait faits.

1 Rois 14,25-26

Une faute commune

Une erreur commune de ceux qui héritent de la richesse est d'hériter de la richesse sans apprendre la sagesse qui a créé la richesse. Roboam hérita de la richesse de son père Salomon, mais il n'appris pas la sagesse de Salomon. On voit sa folie à sa toute première réunion de cabinet. Il montra un manque complet de tact et de sagesse, la chose même qui avait créé la richesse de Salomon !

En fait, on dit que seulement deux pour cent de ceux qui héritent d'une fortune sont capables de faire croître leur héritage.

Isaac, par ailleurs, reçut un gros héritage de son père Abraham et continua la tradition en devenant grand à sa façon. Les principes qui avaient fait Abraham riches étaient les mêmes principes qui ont fait Isaac riche. Si vous n'apprenez pas les principes qui ont fait que quelqu'un est grand, vous ne pourrez pas garder la richesse qu'il vous donne.

De quels principes Isaac hérita-t-il ?

Il est évident qu'Isaac hérita du principe de l'obéissance aveugle au Dieu Tout-Puissant. Rappelez-vous que Dieu fit Abraham riche parce qu'il lui obéit de façon aveugle. Isaac fit la même chose.

Quand le Seigneur lui dit de rester dans un pays où il y avait une famine, il fut obéissant. Par cette obéissance, Isaac devint également riche à sa façon.

La grandeur d'Isaac ne vint pas des richesses d'Abraham, mais parce qu'il suivit les choses que son grand père fit.

Il y a d'innombrables histoires d'enfants riches qui, incapables de conserver la richesse de leurs parents, se mirent à voler.

Tirer le meilleur parti de votre héritage est l'art de s'imprégner des principes et de la sagesse de la personne dont vous héritez la richesse. Ceci est la clé pour tirer le meilleur parti de votre héritage.

9. L'ART DE SUIVRE ISAAC EST L'ART D'ACCEPTER DES AUTORITÉS DÉLÉGUÉES.

> Abraham dit à son serviteur, le plus ancien de sa maison, l'intendant de tous ses biens : Mets, je te prie, ta main sous ma cuisse ; et je te ferai jurer par L'ÉTERNEL, le Dieu du ciel et le Dieu de la terre, de ne pas prendre pour mon fils une femme parmi les filles des Cananéens au milieu desquels j'habite, mais d'aller dans mon pays et dans ma patrie prendre une femme pour mon fils Isaac.
>
> Genèse 24,2-4

Ce monde ne peut pas fonctionner sans autorités déléguées. Qu'est-ce qu'une autorité déléguée ? Une autorité déléguée est quelqu'un qui est envoyé au nom d'un autre. La plupart d'entre nous aimerions avoir affaire au patron lui-même. Malheureusement, il n'est pas toujours possible d'avoir affaire à la plus haute autorité. Celui qui ne peut pas correctement établir un rapport avec une autorité délégué deviendra tôt au tard une catastrophe !

Quand Dieu envoie Ses prophètes, nous devons les accepter. Nous le devons ! Nous devons nous contenter des prophètes, même si nous préférerions avoir affaire à Dieu Lui-même. Dieu nous a envoyé son Fils. Vous devrez passer par le Fils si vous voulez avoir quelque chose à faire avec le Père. Les fiers ont du mal à avoir affaire aux autorités déléguées.

J'ai eu des pasteurs qui avaient un bon rapport avec moi et étaient obéissants à ce que je disais. Cependant, quand il s'agissait d'avoir affaire à ceux que je leur envoyais, ils faisaient la terrible erreur d'entrer en conflit avec eux.

Certains échouèrent quand ils durent avoir affaire à mes évêques.

Certains échouèrent quand ils durent avoir affaire à mes pasteurs associés.

Certains échouèrent même quand ils durent parler avec mes secrétaires.

Quelqu'un dit : « Pour ce qui est de l'évêque, nous n'avons pas de problème avec lui. Il est notre père et il n'a jamais rien fait de mal contre nous. Ce sont les 'frères aînés' qui sont le problème ».

Ils dirent : « Si c'était juste de l'évêque, nous n'aurions pas de problème du tout ».

Mais ces gens se trompent. Pour accomplir la volonté de Dieu, vous devrez toujours avoir affaire à ceux qu'Il a délégués.

Isaac eut affaire avec succès à la personne que son père avait déléguée. Isaac accepta Eliezer de Damas, le serviteur de son père. Eliezer alla choisir une épouse pour Isaac et Isaac l'accepta. Certains accepteraient que leur père leur choisisse une femme. Mais combien accepteraient qu'un serviteur délégué leur choisisse une femme ? La plupart des gens estimeraient que les autorités déléguées ne seraient pas capables de leur choisir une bonne épouse.

Grâce à son humilité et à son acceptation de l'autorité déléguée, Isaac continua de marcher sur les traces de son père Abraham et poursuivit la lignée de grandeur, devenant l'un des patriarches d'Israël et du christianisme.

Beaucoup de gens ne reçoivent pas l'onction, parce qu'ils n'acceptent pas ceux que Dieu leur envoie. Rejeter l'autorité déléguée est sans doute l'erreur la plus commune des fiers !

Chapitre 7

L'art de suivre Jacob

1. L'ART DE SUIVRE JACOB EST L'ART DE NE PAS MÉPRISER VOTRE DROIT D'AINESSE (PATRIMOINE NATUREL).

Jacob dit : Vends-moi aujourd'hui ton droit d'aînesse.

Ésaü répondit : Voici, je m'en vais mourir ; À QUOI ME SERT CE DROIT D'AÎNESSE ?

Et Jacob dit : Jure-le moi d'abord. Il le lui jura, et il vendit son droit d'aînesse à Jacob.

Genèse 25,31-33

Votre droit d'aînesse est ce qui vous revient quand vous êtes né dans votre famille, votre tribu et votre pays. Votre droit d'aînesse est le droit que vous avez en raison de votre naissance. Par cela, je veux dire quelque chose que Dieu vous a donné. Ce peut être votre couleur, votre tribu et le pays d'où vous venez. Votre patrimoine naturel est ce dans quoi vous êtes né ou ce que vous avez en raison de l'identité de vos parents.

Chacun a un droit d'aînesse. Les droits d'aînesse d'Ésaü étaient les droits qu'il avait parce qu'il était le premier-né d'Isaac. Être le premier-né d'Isaac avait beaucoup de répercussions. Il allait hériter de la double portion de tout ce que son père possédait et devenir deux fois plus riche que tout le monde. Ésaü allait dominer sa famille à cause de son droit d'aînesse.

Mais Ésaü dit : « À quoi me sert ce droit d'aînesse ? ». En disant cela, il méprisa son droit d'aînesse. Il est facile de mépriser votre droit d'aînesse et de vous considérer inférieur à un autre qui semble être plus chanceux que vous. Si vous regardez attentivement, vous découvrirez qu'il y a des choses présentes dans votre vie à cause de votre droit d'aînesse. Il est temps de voir ce que Dieu vous a donné, et d'arrêter de vous lamenter et de souhaiter que vous soyez comme quelqu'un d'autre.

Il y a quelques années, je me suis lancé dans le ministère d'évangélisation. J'avais vraiment peur, parce que je savais que j'avais besoin de beaucoup d'argent que je n'avais pas. J'ai écouté Benny Hinn décrire comment il utilisait des millions de dollars pour ses croisades. J'ai lu comment Reinhard Bonnke utilisait aussi des millions pour organiser des campagnes si grandes. Je me suis dit : « où sur terre vais-je trouver tant d''argent ? Je viens du Ghana et je ne connais pas d'Américain qui me donnerait de telles quantités d'argent pour avoir des croisades ».

Alors le Seigneur me montra qu'il m'avait donné d'autres choses à cause de qui j'étais et d'où je venais. Parce que j'ai grandi en Afrique, je connaissais la scène africaine comme ma poche, bien mieux que tout autre non-Africain ne pourrait le faire. J'avais accès à l'information de base et aux gens qui feraient des choses pour moi pour nettement moins d'argent que les évangélistes étrangers. En effet, mon droit d'aînesse (grandir et vivre au Ghana) me versait de gros dividendes. Je me rendis soudain compte que je pouvais faire beaucoup de choses à cause d'où j'avais vécu.

Ésaü méprisa son droit d'aînesse. Être le premier-né ne voulait rien dire pour lui. Ce que Dieu lui avait donné par la nature et sa naissance n'avait aucune valeur pour lui. Il le méprisa et le perdit. Vous êtes peut-être un Africain qui a toujours voulu être un Américain. Vous avez peut-être méprisé la langue, la tribu et le pays que Dieu vous a donné. Vous avez même méprisé votre couleur, souhaitant être plus clair, plus blanc ou plus noir que vous êtes. Ce dont vous ne vous rendez pas compte, c'est que toutes ces choses sont des dons qu'on appelle votre droit d'aînesse.

Je me demandais pourquoi j'étais à moitié noir et à moitié blanc. Ma couleur brune ne semblait correspondre ni à l'Afrique ni à l'Europe. Quand je suis allé en Amérique, ils disaient que j'étais noir. Quand j'étais au Ghana, ils disaient que j'étais blanc. Au Kenya, ils m'appelaient « Point 5 ». Les Américains me demandaient : « vous êtes bien Africain, n'est-ce pas ? » Et les enfants ghanéens me criaient « obroni » quand je passais. « Obroni » veut dire un blanc. Cependant, avec le temps, j'ai commencé à voir de grands avantages dans mon droit d'aînesse et dans la façon dont Dieu m'avait fait. J'ai découvert de vastes régions du monde où je m'intègre parfaitement et où ils pensent que je suis l'un d'eux. Quel avantage Dieu m'a-t-il donné dans beaucoup de champs prêts pour la moisson !

2. L'ART DE SUIVRE JACOB EST L'ART DE PLAIRE À VOS PARENTS.

> Isaac appela Jacob, le bénit, et lui donna cet ordre : Tu ne prendras pas une femme parmi les filles de Canaan (...).
>
> Ésaü vit qu'Isaac avait béni Jacob, et qu'il l'avait envoyé à Paddan-Aram pour y prendre une femme, et qu'en le bénissant il lui avait donné cet ordre : Tu ne prendras pas une femme parmi les filles de Canaan.
>
> Il vit que JACOB AVAIT OBÉI À SON PÈRE ET À SA MÈRE, ET QU'IL ÉTAIT PARTI POUR PADDAN-ARAM.
>
> Ésaü comprit ainsi que les filles de Canaan déplaisaient à Isaac, son père.
>
> Et Ésaü s'en alla vers Ismaël. Il prit pour femme, outre les femmes qu'il avait, Mahalath, fille d'Ismaël, fils d'Abraham, et sœur de Nebajoth.
>
> Genèse 28,1. 6-9

Des diplômes universitaires, de bons emplois à la banque et un mode de vie sain ne peuvent pas annuler la malédiction qui vient aux enfants qui ne plaisent pas à leurs parents.

Honorer son père est le grand commandement avec une bénédiction. Ce dont beaucoup ne se rendent pas compte, c'est qu'honorer votre père implique de lui *obéir* et de lui *plaire*.

L'obéissance d'une personne à ses parents déterminera son avenir. Certains grandissent en voulant que tout ce qui les touche soit différent de ce que leurs parents veulent. Ésaü était le contraire de Jacob ! Quand il a découvert ce qui plaisait à ses parents, il fit exactement le contraire.

Jacob, quant à lui, fit ce qui lui semblait plaire à ses parents. Épouser une fille parce ce que cela plaisait à ses parents n'était pas trop demander de Jacob. Il était ce genre de personne. Pensez à cela : vivre avec une femme et avoir des enfants avec elle parce que cela plaît à vos parents. C'est une grosse décision à prendre juste parce que vous voulez plaire vos parents.

Beaucoup de gens ne réussissent pas bien dans la vie parce qu'ils ne plaisent pas à leurs parents. Souvenez-vous que lorsque vous êtes né, vos parents furent ravis de vous montrer au monde. Ils étaient heureux de votre venue au monde et ils veulent toujours être contents de vous. Honorer et plaire aux parents de toutes sortes sera toujours le grand diviseur entre ceux qui réussissent et ceux qui ne réussissent pas.

3. L'ART DE SUIVRE JACOB EST L'ART DE SE MEFIER D'UNE MALEDICTION.

> Jacob répondit à sa mère : Voici, Ésaü, mon frère, est velu, et je n'ai point de poil.
>
> Peut-être mon père me touchera-t-il, et je passerai à ses yeux pour un menteur, et JE FERAI VENIR SUR MOI LA MALÉDICTION, ET NON LA BÉNÉDICTION.
>
> Sa mère lui dit : Que cette malédiction, mon fils, retombe sur moi ! Écoute seulement ma voix, et va me les prendre.
>
> Jacob alla les prendre, et les apporta à sa mère, qui fit un mets comme son père aimait.
>
> Genèse 27,11-14

Jacob était profondément spirituel, toujours conscient de l'impact qu'une bénédiction ou une malédiction aurait sur sa vie. Il appréciait son droit d'aînesse, il craignait les malédictions et il croyait en la puissance d'une bénédiction. Cela contrastait fortement avec Ésaü, qui n'avait pas de temps pour de tels concepts impraticables. Quand sa mère lui demanda de mentir à son père, il savait que son père pourrait le maudire pour un mensonge. Sa mère, sentant la spiritualité de son fils et sa réticence à recevoir une malédiction, offrit de recevoir la malédiction à sa place. Quel choc ! En fait, c'est la dernière fois où nous entendons parler de Rebecca. Elle s'exclut des livres d'histoire par cette malédiction.

Je ne trouve pas d'explication économique, financière, politique ou historique à beaucoup de choses dans ce monde ; je ne peux les expliquer que comme le résultat de malédictions ou de bénédictions. Je crois fermement dans la puissance des malédictions et des bénédictions.

Cher ami, ne prenez pas à la légère la réalité de la puissance d'une malédiction. L'Écriture dit : «l a malédiction sans cause n'a point d'effet». Cela veut dire que la malédiction n'aurait d'effet que s'il y a une bonne raison pour cela. Suivre Jacob, c'est croire en la puissance des malédictions et des bénédictions.

4. L'ART DE SUIVRE JACOB EST L'ART DE SAVOIR COMMENT S'ENGAGER DANS UNE LUTTE DE PRIERE

> Jacob demeura seul. Alors un homme lutta avec lui jusqu'au lever de l'aurore (...).
>
> Il dit encore : ton nom ne sera plus Jacob, mais tu seras appelé Israël ; car tu as lutté avec Dieu et avec des hommes, et tu as été vainqueur.
>
> Jacob l'interrogea, en disant : Fais-moi je te prie, connaître ton nom. Il répondit : Pourquoi demandes-tu mon nom ? Et il le bénit là.
>
> Genèse 32,24.28-29

Il est facile d'attribuer le succès d'un ministre à son bon caractère, sa prudence financière ou ses talents oratoires. Cependant, vous trouverez rarement un véritable homme de Dieu qui ne labeur pas dans la prière ! Les ministères internationaux qui réussissent véritablement ont à un moment ou un autre passé des heures dans la lutte et remporté des victoires dans l'Esprit.

C'est ce que fit Jacob. Il lutta dans le monde des esprits et réussit spirituellement. Ce succès spirituel fut ce qui lui garantit le succès dans ses rapports avec les hommes.

Un jour, j'ai rencontré un frère qui avait l'air perplexe quand je lui dis que je pouvais prier pendant sept heures ininterrompues.

Il était perplexe quand je lui dis que je pouvais prier pendant des jours de suite. Il me dit qu'il n'avait jamais prié pour plus de vingt minutes à la fois. Il est étonnant de voir combien de ministres ne s'élèvent pas dans la vraie spiritualité et la prière.

5. L'ART DE SUIVRE JACOB EST L'ART D'AVOIR UNE RENCONTRE PERSONNELLE AVEC DIEU.

> Il eut un songe. Et voici, une échelle était appuyée sur la terre, et son sommet touchait au ciel. Et voici, les anges de Dieu montaient et descendaient par cette échelle.
>
> Et voici, l'Éternel se tenait au-dessus d'elle; et il dit : Je suis l'Éternel, le Dieu d'Abraham, ton père, et le Dieu d'Isaac. La terre sur laquelle tu es couché, je la donnerai à toi et à ta postérité (…).
>
> Jacob s'éveilla de son sommeil et il dit : Certainement, L'ÉTERNEL EST EN CE LIEU, ET MOI, JE NE LE SAVAIS PAS !
>
> Genèse 28,12-16

Jacob arriva à un endroit et eut une rencontre avec Dieu, parce que Dieu était là. Quiconque arrive à quelque chose dans le ministère a eu une rencontre personnelle avec Dieu. C'est cette rencontre personnelle qui définit son ministère. Vous ne pouvez pas réussir en vivant des expériences des autres. Vous pouvez être encouragés par les expériences des autres et vous pouvez apprendre des expériences des autres, mais vous devez avoir votre propre expérience personnelle avec Dieu. C'est seulement les gens avec une expérience de première main qui sont vraiment ministres de la puissance de Dieu.

Sans jamais parler à quelqu'un, vous ne pouvez pas vraiment avoir l'autorité de parler de lui parce que vous ne le connaissez pas ! Les gens qui parlent de moi avec autorité, mais ne m'ont jamais rencontré ou n'ont jamais eu affaire à moi expriment leurs propres idées ou imaginent ce que je pourrais être. Ceux qui disent que je suis humble mais ne m'ont jamais rencontré ne savent pas vraiment si je suis fier ou humble.

Le pouvoir et l'autorité viennent de la proximité et du fait d'avoir parlé à quelqu'un personnellement. Jacob avait le pouvoir avec les hommes parce qu'il avait eu le pouvoir avec Dieu. Il avait été proche de Dieu et avait parlé à Dieu. Ses paroles et ses actions allaient désormais avoir beaucoup de puissance.

6. L'ART DE SUIVRE JACOB EST L'ART DE FAIRE UN PACTE DE PAYER LA DÎME.

> Jacob fit un vœu, en disant : Si Dieu est avec moi et me garde pendant ce voyage que je fais, s'il me donne du pain à manger et des habits pour me vêtir,
>
> Et si je retourne en paix à la maison de mon père, alors l'Éternel sera mon Dieu ;
>
> Cette pierre, que j'ai dressée pour monument, sera la maison de Dieu ; et JE TE DONNERAI LA DÎME de tout ce que tu me donneras.
>
> Genèse 28,20-22

L'une des choses à faire pour suivre Jacob est de le suivre en faisant un pacte de payer la dîme. Jacob fit un pacte avec Dieu, et dans ce pacte, il promit de faire trois choses : il promit de servir Dieu, de construire Sa maison et de payer la dîme. Tels étaient les trois principaux ingrédients du pacte de la dîme. C'était un pacte qui montrait sa grande compréhension de ce que Dieu fait pour nous. Il savait qu'il y avait trois choses que Dieu seul pouvait faire pour lui.

Dieu seul pouvait pourvoir à ses besoins, Dieu seul pouvait le protéger et Dieu seul pouvait l'aider en étant avec lui. En échange, il promit de payer intégralement la dîme. Il était un homme d'affaires et connaissait les implications d'un contrat.

La plupart ne savent pas ce que Dieu fait pour eux. C'est pourquoi ils échouent à donner la dîme pour tout ce qu'ils ont.

Beaucoup ne connaissent pas la puissance invisible déployée pour eux quand ils paient leur dîme. Il nous protège, Il nous donne ce dont nous avons besoin et Il est avec nous pour nous aider en tout. C'est la bénédiction de la dîme, et Jacob comprit quelle grande bénédiction était dégagée grâce au pacte de la dîme. Les dîmes sont ce que vous devez au Seigneur. La dîme est ce qui vous rendra riche et prospère.

La nation d'Israël est riche et prospère parce que Jacob (Israël) a lancé la dîme et que la nation d'Israël a continué à payer sa dîme. En effet Dieu leur a donné ce dont ils avaient besoin, Dieu a été avec eux et Dieu les a aidés.

7. L'ART DE SUIVRE JACOB EST L'ART D'OFFRIR BEAUCOUP D'ANNÉES DE VOTRE VIE POUR RÉALISER VOTRE VISION.

> Ainsi Jacob servit sept années pour Rachel : et elles furent à ses yeux comme quelques jours, parce qu'il l'aimait.
>
> Genèse 29,20

> Achève la semaine avec celle-ci, et nous te donnerons aussi l'autre pour le service que TU FERAS ENCORE CHEZ MOI PENDANT SEPT **NOUVELLES** ANNÉES.
>
> Jacob fit ainsi, et il acheva la semaine avec Léa ; puis Laban lui donna pour femme Rachel, sa fille.
>
> Genèse 29,27-28

Malheureusement, beaucoup de gens désirent accomplir de grandes choses en quelques années. Ils souhaitent porter du fruits et faire tout ce que Dieu leur a montré en deux ou trois ans. Mais ça ne se passe pas comme ça. Le vrai ministère implique votre vie. Il implique *toute* votre vie. L'appel de Dieu est tel qu'il nécessite « toute une vie » pour l'accomplir.

Quand Jésus est mort sur la croix, Il offrit Sa vie *entière*. Il offrit Sa jeunesse, Son âge moyen et Sa vieillesse. Si la vie commence à quarante ans, Jésus Christ n'a jamais eu quarante ans pour même commencer cette vie. C'est pourquoi Il est mort jeune sur la croix.

Quand le Seigneur vous dit de prendre votre croix et de Le suivre, Il vous demande d'offrir *toute* votre vie. N'oubliez pas ceci : votre ministère aura besoin de toute une vie pour être accompli !

Jacob offrit jusqu'à quatorze ans de sa vie pour réaliser sa vision d'épouser Rachel. Dieu avait mis dans son cœur d'aimer et de désirer Rachel. En fait, il lui a fallu de nombreuses années pour concrétiser cette vision. Vous aurez besoin de beaucoup de temps pour accomplir l'appel de Dieu. Si vous voulez réussir comme Jacob, prévoyez d'offrir plusieurs de vos meilleures années pour accomplir l'appel et la vision de Dieu. En effet, nul ne peut réaliser beaucoup en quelques mois ou en quelques années. Cela prend une « vie entière » pour véritablement réaliser le ministère.

8. L'ART DE SUIVRE JACOB EST L'ART DE PERMETTRE À DIEU D'ARRANGER LES CHOSES POUR VOUS, AU LIEU DE LE FAIRE PAR VOUS-MÊME.

Laban dit : Que te donnerai-je ? Et Jacob répondit : Tu ne me donneras rien. Si tu consens à ce que je vais te dire, je ferai paître encore ton troupeau, et je le garderai.

Je parcourrai aujourd'hui tout ton troupeau ; mets à part parmi les brebis tout agneau tacheté et marqueté et tout agneau noir, et parmi les chèvres tout ce qui est marqueté et tacheté. Ce sera mon salaire.

Ma droiture répondra pour moi demain, quand tu viendras voir mon salaire ; tout ce qui ne sera pas tacheté et marqueté parmi les chèvres, et noir parmi les agneaux, ce sera de ma part un vol.

Laban dit : Eh bien ! qu'il en soit selon ta parole.

Genèse 30,31-34

Cette célèbre histoire montre Jacob se soumettant à la capacité de Dieu de le faire prospérer. Il n'a pas demandé à Laban cinq cents ou six cents moutons comme récompense. Il s'est soumis aux facteurs incontrôlables de la reproduction. Il a dit : donne-moi seulement tout agneau et chèvre né et tacheté. Qu'est-ce qu'un pari ! Si les agneaux qui allaient naître n'étaient ni tachetés ni marquetés, Jacob n'aurait rien. En fait, un contrat beaucoup plus sûr aurait été de demander à Laban cinq ou dix pour cent du troupeau.

Laban, bien sûr, était heureux d'avoir un tel contrat. Il n'avait aucune idée que Dieu allait multiplier les agneaux tachetés et marquetés jusqu'à ce que la plupart des troupeaux soit tachetée et marquetée.

En se soumettant à ces facteurs incontrôlables du destin, Jacob se soumit à la providence de Dieu. La plupart d'entre nous ne sommes pas assez confiants pour permettre à Dieu de prendre le contrôle et de nous faire prospérer comme Il le veut. Nous devons faire quelque chose ! Nous devons intervenir ! Nous devons interférer avec la nature ! Nous devons accélérer les choses !

Mais Jacob fit confiance au Seigneur en tout. Il savait que Dieu lui donnerait ce dont il avait besoin. Pour réussir à suivre Jacob, vous devrez faire confiance que Dieu vous donnera ce dont vous avez besoin.

Quand les gens sont en difficulté, ils prétendent que Dieu ne les aide pas. Quand leurs mariages se trouvent en difficultés, ils disent que ce n'est pas la volonté de Dieu. Il est important de vous mettre à la place où vous acceptez « le bon, la brute et le truand » comme venant de Dieu pour votre vie.

Quand Jacob dit : je vais prendre les agneaux tachetés et marquetés, il faisait une déclaration de la plus haute forme de confiance. Il disait : « Quelque soit le nombre d'agneaux tachetés et marquetés, je vais l'accepter comme la volonté et la providence de Dieu pour moi ; si c'est bon, je vais le prendre comme la providence de Dieu pour moi, si c'est mauvais, je vais le prendre comme la providence de Dieu pour moi. Pouvez-vous Lui abandonner votre destin et accepter tout ce qu'il vous donne ?

9. L'ART DE SUIVRE JACOB EST L'ART DE SAVOIR QUAND LA SAISON A CHANGE.

Jacob entendit les propos des fils de Laban, qui disaient : Jacob a pris tout ce qui était à notre père, et c'est avec le bien de notre père qu'il s'est acquis toute cette richesse. JACOB REMARQUA AUSSI LE VISAGE DE LABAN ; ET VOICI, IL N'ÉTAIT PLUS ENVERS LUI COMME AUPARAVANT. Alors l'Éternel dit à Jacob : Retourne au pays de tes pères et dans ton lieu de naissance, et je serai avec toi.

Genèse 31,1-3

Les saisons changent tout le temps, mais les gens souvent ne reconnaissent pas quand elles changent. Jacob avait vécu avec Laban pendant des années, mais la saison avait changé. Il savait que le moment était venu d'aller ailleurs !

Il y a beaucoup de « changements » qui ne signalent pas un changement de saison en soi. Les changements de situation ou d'attitudes des gens ne signifient pas un changement de saison en soi. Détecter un changement de saison est recevoir de Dieu une connaissance surnaturelle sur quand et comment vous devez aller ailleurs ou de l'avant.

L'esprit de connaissance

Quand vous recevrez l'Esprit de connaissance, vous saurez beaucoup de choses surnaturellement et même instinctivement. C'est le genre de connaissance qui vient de Dieu.

Une étude de la faune et de la nature révèle comment Dieu a donné la connaissance aux différents animaux. Beaucoup d'animaux savent exactement quand commencer leur migration et où aller. Ils accomplissent des exploits mystérieux de navigation, d'endurance et de courage au cours de leurs longues migrations.

Les animaux naissent dans la nature et savent instinctivement comment chasser.

Les animaux savent comment copuler sans qu'on ne leur ait jamais enseigné quoi faire et comment le faire. Ces animaux n'ont jamais vu de pornographie ni eu de séances avec un conseiller conjugal et pourtant, ils savent où sont leurs organes sexuels et quoi faire avec eux. Ils savent quand avoir des rapports sexuels et à quelle fréquence.

Par exemple, les lions savent qu'ils doivent s'accoupler de vingt à quarante fois par jour pendant plusieurs jours pour parvenir à une grossesse. Les lions savent qu'ils doivent même renoncer à manger pendant cette période, afin de s'accoupler avec succès. Les animaux savent qu'ils doivent recueillir de la nourriture supplémentaire et la stocker pour l'hiver. Ils savent quand une saison de sécheresse et de faim va arriver et ils s'y préparent. Des créatures aussi petites que des fourmis ont une connaissance qui trouble les humains. Cette connaissance merveilleuse est un don de Dieu qui ne vient pas aux animaux par l'apprentissage ou le raisonnement. C'est ce que j'appelle la connaissance de Dieu - la connaissance qui vient sans apprentissage, sans raisonnement ni étude.

Par l'Esprit Saint, vous aurez la connaissance de Dieu, c'est-à-dire la connaissance qui vient sans apprentissage, sans raisonnement ni étude. Par l'Esprit Saint, je sais certaines choses sans les apprendre. Par l'Esprit Saint, vous saurez certaines choses que vous n'apprenez ni par l'apprentissage ni le raisonnement. Par l'Esprit Saint, vous saurez certaines choses que vous n'avez pas apprises par l'étude. C'est ce qu'on appelle la connaissance qui vient de Dieu, et elle vous aidera à détecter un changement de saison. Si vous êtes sensible à l'Esprit Saint, vous saurez tout sur les saisons et comment y répondre quand elles changent. Si vous ne changez pas quand la saison change, vous vous trouverez porter vos vêtements d'été en hiver.

Pour suivre Jacob avec succès, vous devez détecter le changement de saison dans votre vie et passer à autre chose.

10. L'ART DE SUIVRE JACOB EST L'ART DE FAÇONNER L'AVENIR EN PRONONÇANT DES BENEDICTIONS.

Jacob appela ses fils, et dit : Assemblez-vous, et je vous annoncerai ce qui vous arrivera dans la suite des temps. Rassemblez-vous, et écoutez, fils de Jacob ! Écoutez Israël, votre père !

Genèse 49,1-2

Jacob est célèbre pour les bénédictions et les déclarations qu'il a prononcées sur ses nombreux enfants avant de mourir. Il a fini par croire en la puissance de prononcer des bénédictions. Il savait que Dieu honorerait les paroles d'un père quand elles ont été prononcées avec foi. Les paroles de bénédiction l'emportent sur les effets de vos antécédents, votre éducation et votre travail ! Prononcer des bénédictions vous élève au-dessus des contours et circonstances de ce monde. Quand vous serez sur le point d'échouer, vous serez d'une manière ou d'une autre élevé par les bénédictions sur votre vie.

C'est la bénédiction qui a été prononcée sur Israël. Des millions de gens les ont haïs et ont combattus contre eux. Chaque fois, quand il semblait qu'ils ne se remettraient jamais, ils ont miraculeusement échappé à l'anéantissement et sont devenus encore plus forts. Le monde s'émerveille aujourd'hui de voir les riches Juifs dominer le monde financier.

Si vous connaissez le pouvoir des bénédictions, soyez prudent et méfiez-vous de vos déclarations, sachant qu'elles peuvent arriver et vont arriver.

J'avais l'habitude de prier et de bénir les pasteurs qui ont quitté notre église. J'ai appris à ne plus prier pour eux jusqu'à ce qu'ils donnent la preuve d'être ni dangereux ni destructeurs. Si vous bénissez un diable, il va prospérer et se battre contre vous avec la force avec laquelle vous l'avez béni.

Les personnes spirituelles ne se hâtent pas de prononcer des bénédictions sur n'importe quoi ou n'importe qui. Il y a des gens qui en ont béni d'autres en disant : « *Puissiez-vous triompher de vos ennemis* », et ces gens sont devenus leurs ennemis et ont eu le pouvoir de triompher d'eux.

Jacob comprit le pouvoir de prononcer des bénédictions et il s'en servit efficacement pour avoir une vie réussie.

Chapitre 8

L'art de suivre Joseph

1. L'ART DE SUIVRE JOSEPH EST L'ART DE NE PAS ÊTRE IRRITÉ PAR LE REJET.

Joseph eut un songe, et il le raconta à ses frères, QUI LE HAÏRENT encore davantage.

Genèse 37,5

Il eut encore un autre songe, et il le raconta à ses frères. Il dit : J'ai eu encore un songe ! Et voici, le soleil, la lune et onze étoiles se prosternaient devant moi.

Genèse 37,9

La survie dans le ministère, spécialement à long terme, est toujours liée à votre capacité à surfer sur les vagues du caractère humain dépravé. Il y a sept fleuves invisibles qui régissent presque tout ce qui se passe sur cette terre. Ce sont les fleuves de la nature humaine qui déterminent le résultat de beaucoup de choses. Au lieu que ce soit le bon sens qui détermine le résultat des choses, ce sont ces fleuves qui déterminent le résultat de presque tout ce qui se passe sur terre.

Par exemple, on peut découvrir du pétrole dans un pays. L'existence de ce pétrole devrait rendre tout le monde prospère dans ce pays. Mais lorsque les puissants fleuves de la cupidité et de l'égoïsme apparaissent, seules quelques personnes s'enrichissent et les masses sont laissées dans une pauvreté abjecte.

Quels sont ces sept fleuves humains qui régissent tout ?

Ce sont les fleuves de la cupidité, l'égoïsme, la jalousie, la convoitise, le racisme, la méchanceté et l'abus de pouvoir.

Vous ne devez pas être irrité, trompé ou induit en erreur par aucun de ces fleuves humains.

Vous ne devez pas être facilement irrité, parce que c'est la façon de marcher dans la charité. « La CHARITÉ est patiente, elle est pleine de bonté ; la charité n'est point envieuse ; la charité ne se vante point, elle ne s'enfle point d'orgueil, elle ne fait rien de malhonnête, elle ne cherche point son intérêt, elle NE S'IRRITE POINT, elle ne soupçonne point le mal » (1 Corinthiens 13,4-5).

Vous ne devez pas facilement vous irritez, parce que c'est un piège qui a été préparé pour vous. « Quand il fut sorti de là, les scribes et les pharisiens commencèrent à le presser violemment, et à le faire parler sur beaucoup de choses, LUI TENDANT DES PIÈGES, pour surprendre quelque parole sortie de sa bouche » (Luc 11,53-54).

L'art de suivre Joseph est l'art de ne pas être facilement irrité par les fleuves qui coulent de la nature humaine. Les fleuves de l'oubli, de la méchanceté et de l'ingratitude peuvent transformer une personne joyeuse et agréable en personnalité amère. Il est important que vous ne soyez pas irrités par la psyché humaine ingrate et égoïste. La méchanceté des frères de Joseph et leur incapacité à se rappeler qu'il était la chair de leur chair et l'os de leurs os constitua un fleuve énorme et important de la nature humaine que Joseph rencontra. Ce fleuve l'emporta et le transporta dans un autre monde où il souffrit terriblement.

Beaucoup de choses que nous vivons dans nos vies peuvent, et cela arrive, nous transformer en êtres corrompus prêts à cracher le venin qui correspond au mal que nous avons reçu. Si nous avons reçu la haine, nous sommes prêts avec notre propre version de méchanceté.

Si nous n'avons pas reçu d'amour, nous sommes prêts à vivre notre vie en montrant peu de souci des autres. Si nous avons reçu de plein fouet les actions de dirigeants égoïstes, nous sommes prêts à grandir et à devenir de pires dirigeants.

L'étude de Joseph est une étude sur la façon de surmonter les diverses irritations que nous devons rencontrer sur terre. L'art de suivre Joseph est l'art de surmonter l'irritation.

Comment surmonter la provocation

Vous devez surmonter la provocation en continuant de rêver, malgré les fleuves du rejet. Le rejet est l'un des fleuves que vous devez traverser. Peu de gens traverseront la vie sans être rejeté. Vous pouvez être rejeté en classe, rejeté par vos amis. Les gens d'une tribu, d'une couleur ou d'une nation différente vous rejetteront certainement. Tels sont les différents types de rejet par lesquels vous pouvez passer.

Rappelez-vous qu'il y a des lieux qui vous porteront de l'intérêt ou vous célébreront, même si vous êtes rejetés par d'autres. Si vous vous noyez quand vous arrivez au fleuve du rejet, vous n'avez pas bien réussi. Beaucoup d'autres ont été rejetés, mais ils vont pourtant de l'avant.

Rappelez-vous que vous ne pouvez jamais être pleinement accepté, à moins d'avoir d'abord été rejeté.

Ne vous éloignez pas.

Ne vous plaignez pas !

Ne pensez pas : « Personne ne m'aime ! »

Même si vous avez été rejeté, quelqu'un vous aime et il y a un lieu où vous serez pleinement et entièrement accepté. Vous avez peut-être été rejeté en raison de certaines lacunes. Travaillez sur ces lacunes. Vous plaindre ne vous mènera nulle part. Chaque fois que je suis rejeté, je me dis : « Même si je suis rejeté ici, je suis aimé ailleurs ». Comme Joseph, je veux persister dans mes rêves et mes visions. Je le répète : « Ne vous noyez pas dans le fleuve du rejet ».

Les gens que j'admirais m'ont continuellement rejeté. Quelle expérience douloureuse que d'être rejeté par la personne que vous aimez, chérissez et idolâtrez presque !

Je me souviens d'un homme de Dieu qui m'a rejeté malgré mon engagement ardent envers lui et son ministère. Il me traitait comme un rebelle, même si je l'aimais et je voulais être près de lui. Puis il sembla accueillir ceux que je savais lui être déloyaux.

Je me dis : « À quoi sert toute ma loyauté envers ce frère ? » Mais je persistai dans mes visions et mes rêves.

Un jour, je réfléchissais à l'acceptation que je semblais avoir atteint de cet homme de Dieu. Puis je me dis : « Il a fallu plus de vingt ans pour être accepté de l'être aimé ».

Soyez comme Joseph. Ne vous retirez pas en retraite parce que vous êtes rejeté. Le rejet est tout simplement l'un des fleuves que vous devez traverser tout au long de votre vie.

2. L'ART DE SUIVRE JOSEPH EST L'ART DE NE PAS ÊTRE PROVOQUÉ PAR L'ENVIE OU LA HAINE.

Il eut encore un autre songe, et il le raconta à ses frères. Il dit : J'ai eu encore un songe ! Et voici, le soleil, la lune et onze étoiles se prosternaient devant moi.

Il le raconta à son père et à ses frères. Son père le réprimanda, et lui dit : Que signifie ce songe que tu as eu ? Faut-il que nous venions, moi, ta mère et tes frères, nous prosterner en terre devant toi?

Ses FRÈRES EURENT DE L'ENVIE CONTRE LUI, mais son père garda le souvenir de ces choses.

Genèse 37,9-11

Vous serez haïs par quelqu'un. La chose importante est de ne pas répondre à la haine en devenant odieux vous-même. La plupart des gens haineux ont été haïs par quelqu'un d'autre. J'avais l'habitude de penser que la haine des gens était le signe d'un faible caractère chrétien. Mais j'ai découvert que les hypocrites et les imposteurs sont aimés de tout le monde. Une personne vraiment bonne doit être aimée de certains et détestée par d'autres. Si tout le monde vous aime, il y a quelque chose qui ne va pas.

Jésus était-il aimé de tout le monde ? Certainement pas !

Était-il le Fils de Dieu ? Oui ! Mais il y avait beaucoup de gens qui Le haïssait.

Ne laissez pas l'envie et la haine des gens vous empêcher de servir Dieu. Suivez-Joseph et persistez dans votre ministère malgré l'envie et la haine.

3. L'ART DE SUIVRE JOSEPH EST L'ART DE NE PAS ÊTRE PROVOQUÉ PAR LES FEMMES ÉTRANGES.

> Après ces choses, il arriva que la femme de son maître porta les yeux sur Joseph, et dit : Couche avec moi !
>
> Il refusa, et dit à la femme de son maître : Voici, mon maître ne prend avec moi connaissance de rien dans la maison, et il a remis entre mes mains tout ce qui lui appartient.
>
> Il n'est pas plus grand que moi dans cette maison, et il ne m'a rien interdit, excepté toi, parce que tu es sa femme. Comment ferais-je un aussi grand mal et pécherais-je contre Dieu ?
>
> Genèse 39,7-9

Vous ne pouvez pas vivre dans ce monde sans rencontrer des fleuves d'immoralité, de luxure, de fornication et d'adultère. Vous êtes obligé de les rencontrer quelque part. Vous êtes obligé de rencontrer la pornographie, la luxure, la débauche, la prostitution, la fornication, l'adultère et l'homosexualité. Qu'allez-vous faire à ce sujet ? Vous devez surmonter l'irritation en continuant de marcher dans la sainteté et la justice. Rester loin de l'immoralité est possible par la grâce de Dieu et la sagesse qu'Il donnera.

Malheureusement, nos corps convoitent souvent des choses qui sont interdites. Il faut mener la grande lutte pour rester pur. Nous devons surmonter ce fléau et en sortir victorieusement, comme le fit Joseph.

Joseph persista dans sa détermination à rester pur loin de la belle tentatrice que nous appelons la femme de Potiphar. L'art de suivre Joseph est l'art de surmonter les convoitises et l'immoralité qui sont si naturelles à la race humaine. Vous ne pouvez jamais dire que vous suivez Joseph à moins de surmonter l'immoralité dans votre vie.

4. L'ART DE SUIVRE JOSEPH EST L'ART DE NE PAS ÊTRE PROVOQUÉ PAR LES MENSONGES ET LES FAUSSES ACCUSATIONS.

Et elle posa le vêtement de Joseph à côté d'elle, jusqu'à ce que son maître rentrât à la maison.

Alors elle lui parla ainsi : L'ESCLAVE HÉBREU QUE TU NOUS AS AMENÉ EST VENU VERS MOI POUR SE JOUER DE MOI. Et comme j'ai élevé la voix et que j'ai crié, il a laissé son vêtement à côté de moi et s'est enfui dehors.

Genèse 39,16-18

Le diable est l'accusateur des frères et vous pouvez être assuré qu'Ils vont vous accuser tôt ou tard. Les accusations vous affaiblissent et peuvent vous détruire. Joseph a été faussement accusé, mais il survécut aussi à cette provocation. La plupart des gens bons sont accusés de crimes terribles. Parfois, ils sont accusés exactement de l'inverse de ce qu'ils sont. Vous devez avoir l'habitude d'être accusé et de continuer comme si vous n'entendiez pas toutes les choses qu'on dit sur vous.

5. L'ART DE SUIVRE JOSEPH EST L'ART DE NE PAS ÊTRE PROVOQUÉ PAR L'INJUSTICE.

Il prit Joseph, et le mit dans la prison, dans le lieu où les prisonniers du roi étaient enfermés : il fut là, en prison.

Genèse 39,20

Joseph fut envoyé en prison. Il fit l'expérience de quelque chose qu'il ne méritait pas. Être injustement traité évoque des sentiments forts chez presque tout le monde. Vous voulez vous lever et corriger l'injustice. Vous voulez vous lever et prouver à tout le monde que vous ne pouvez pas être facilement trompé. Mais la voie de Dieu est souvent de permettre l'injustice. « ...Pourquoi ne souffrez-vous pas plutôt quelque injustice ? Pourquoi ne vous laissez-vous pas plutôt dépouiller ? » (1 Corinthiens 6,7). En murissant, vous vous rendrez compte de votre besoin d'accepter les injustices comme faisant partie de votre marche avec Dieu.

Suivez-Joseph et acceptez les injustices de votre vie et de votre ministère.

6. L'ART DE SUIVRE JOSEPH EST L'ART D'UTILISER VOTRE DON MALGRÉ LES DIFFICULTES DE LA VIE.

« Le chef des échansons raconta son songe à Joseph, et lui dit : Dans mon songe, voici, il y avait un cep devant moi. Ce cep avait trois sarments. Quand il eut poussé, sa fleur se développa et ses grappes donnèrent des raisins mûrs.
La coupe de Pharaon était dans ma main. Je pris les raisins, je les pressai dans la coupe de Pharaon, et je mis la coupe dans la main de Pharaon.
Joseph lui dit : En voici l'explication. Les trois sarments sont trois jours.

Genèse 40,9-12

Pendant qu'il était en prison, Joseph se tenait très occupé en interprétant des rêves. Même la prison ne pouvait pas l'empêcher d'exercer le don que Dieu lui avait donné. C'est un moyen sûr de vaincre la provocation de l'ingratitude.

Votre congrégation ne se souvient peut-être pas des choses que vous avez faites pour elle. Ils ont peut-être oublié très vite tout le travail que vous avez fait pour eux. Mais cela ne devrait pas être la fin de votre ministère. Alors que vous continuez d'atteindre et de toucher d'autres vies, quelqu'un vous montrera beaucoup de gratitude, et cette gratitude l'emportera de loin sur l'ingratitude que vous avez reçue.

7. L'ART DE SUIVRE JOSEPH EST L'ART DE DEVENIR LE FAVORI DE VOTRE PÈRE.

ISRAËL AIMAIT JOSEPH PLUS que tous ses autres fils, parce qu'il l'avait eu dans sa vieillesse ; et il lui fit une tunique de plusieurs couleurs.

Genèse 37,3

Il peut sembler idiot, voire trivial, de vouloir être le favori de votre patron, mais c'est sage de vouloir être le favori de la personne la plus importante. La personne la plus importante est celle qui compte vraiment. Vous plairez à quelqu'un par ce que vous faîtes, alors pourquoi ne pas choisir de plaire à la personne la plus importante ? Qui va vous payer ? Qui va vous nourrir ? Qui va prendre les décisions qui vont changer votre vie ? Qui va vous promouvoir ? Pourquoi ne pas décider d'impressionner cette personne importante !

Le monde ne fonctionne pas seulement selon des principes, mais aussi selon des « faveurs ». Une faveur, c'est quand de bonnes choses sont faîtes pour vous sans raison apparente. Une faveur, c'est quand l'honneur et les bénédictions vous sont accordées même si vous ne les méritez pas.

D'une certaine manière, vous devez développer l'art de devenir un favori tout en étant authentique et sans prétention. Je ne parle pas d'être obséquieux ! Je ne parle pas de devenir un flagorneur ! Je ne parle pas de se mettre en avant par la flatterie, la tromperie ou en étant lèche-bottes.

Même dans l'armée, vous ne pouvez vous élever à un certain niveau que par des examens de promotion. Les rangs vraiment élevés sont atteints par ce qu'ils appellent « les nominations politiques ». Ces soi-disant « nominations politiques » sont fondées sur ceux qui vous aiment et vous choisissent. Dans un gouvernement, le président choisit qui il veut et qui il aime pour certains postes. Il n'y a pas souvent de raison à ses choix. Les « favoris » reçoivent souvent des emplois clés à des postes clés.

Devenir le favori de quelqu'un n'est pas une mince tâche. Cela requiert de comprendre ce que la personne aime et de faire des choses qui lui plaisent. Cela peut paraître simple, mais des choses différentes plaisent à des gens différents. Pourquoi ne pas plaire à celui qui vous paie ? Pourquoi ne pas impressionner la personne qui compte vraiment ? Pourquoi ne pas faire ce qu'elle aime ou veut ?

Certains patrons sont heureux quand vous démarrez bien un projet. D'autres ne sont heureux que quand il est fini. Tout le monde plait à quelqu'un ! C'est à vous de choisir à qui vous voulez plaire. Découvrez quel type de patron vous avez et faîtes tout pour le rendre heureux. Il s'agit de décider à qui vous plairez avec votre travail et votre service.

8. L'ART DE SUIVRE JOSEPH EST L'ART DE POUVOIR VOIR LA MAIN DE DIEU ARRANGER LES CHOSES.

> Maintenant, ne vous affligez pas, et ne soyez pas fâchés de m'avoir vendu pour être conduit ici, car c'est pour vous sauver la vie que Dieu m'a envoyé devant vous.
>
> Genèse 45,5

> Vous aviez médité de me faire du mal : Dieu l'a changé en bien, pour accomplir ce qui arrive aujourd'hui, pour sauver la vie à un peuple nombreux.
>
> Genèse 50,20

Avoir un esprit spirituel donne la vie et la paix. Avoir un esprit charnel apporte la destruction. Il est important que votre esprit fonctionne d'une manière spirituelle. Vous devez voir les dimensions spirituelles de tout ce qui vous arrive.

Il y a quatre façons de voir les choses :

1. Voir les choses d'une manière totalement naturelle, sans dimensions spirituelles ou implications de quoi que ce soit

2. Être conscient du diable et voir le diable à l'œuvre dans presque tout.

3. La troisième façon de voir les choses est de blâmer Dieu pour toutes les mauvaises expériences de votre vie.

4. La quatrième façon est de voir la main mystérieuse de Dieu arranger les choses comme le ferait un père pour son enfant.

Joseph décida d'accepter les mauvaises choses qui avaient été commises contre lui comme la main de Dieu arrangeant les choses pour son bien. Il croyait que Dieu ne l'avait jamais abandonné dans toutes ses détresses. Il croyait que tous les maux qui étaient commis contre lui par ses méchants frères étaient la main de Dieu à l'œuvre, et non pas la main du diable. Il croyait que rien n'arrivait par hasard. C'est cette compréhension qui lui donna la capacité d'aimer ses frères et de pleinement réaliser le plan de Dieu. S'il avait considéré ses frères comme la cause de ses malheurs, il les aurait torturés avec la méthode la plus lente et la plus douloureuse disponible à l'époque. Reconnaître la main de Dieu comme la raison des choses vous aide à pardonner et à ne blâmer personne, pas même vous-même.

L'art de suivre Joseph est l'art d'avoir ce genre de compréhension. Le célèbre passage de 'Écriture : toutes choses concourent au bien de ceux qui aiment Dieu, de ceux qui sont appelés selon son dessein, est une version néotestamentaire de la philosophie de Joseph.

Tous les grands hommes spirituels qui ont marché avec Dieu avaient cette compréhension.

Ésaïe a vu la main de Dieu à l'œuvre quand les justes furent conduits à la mort. Il déclara qu'ils avaient été pris pour être protégés contre certains maux à venir. Il dit : « L'homme droit périt, et personne ne le prend à cœur ; et les hommes miséricordieux sont emportés, sans que nul considère que l'homme droit est emporté avant que le malheur arrive. Il entrera dans la paix ; ils se reposeront dans leurs lits, à savoir quiconque aura marché dans sa droiture ». (Ésaïe 57,1-2 KJF).

Paul a vu la main de Dieu à l'œuvre quand il fut attaqué par Satan. Il était sous pression, affligé, confus, dans le besoin et affaibli. Mais il dit : « Et pour que je ne sois pas enflé d'orgueil, à cause de l'excellence de ces révélations, il m'a été mis une écharde dans la chair, un ange de Satan pour me souffleter et m'empêcher de m'enorgueillir. Trois fois j'ai prié le Seigneur de l'éloigner de moi, et il m'a dit : Ma grâce te suffit, car ma puissance s'accomplit dans la faiblesse. Je me glorifierai donc bien plus volontiers de mes faiblesses, afin que la puissance de Christ repose sur moi. C'est pourquoi je me plais dans les faiblesses, dans les outrages, dans les calamités, dans les persécutions, dans les détresses, pour Christ; car, quand je suis faible, c'est alors que je suis fort ». (2 Corinthiens 12,7-10)

Jésus savait que Dieu Son père ne L'abandonnerait jamais. Quand Pilate Le menaça de mort et de crucifixion, Jésus expliqua calmement au soldat romain arrogant *qu'il n'avait et ne pouvait avoir aucun pouvoir sur Lui à moins que Dieu ne l'ait permis.*

> Il rentra dans le prétoire, et il dit à Jésus : D'où es-tu ? Mais Jésus ne lui donna point de réponse. Pilate lui dit : Est-ce à moi que tu ne parles pas ? Ne sais-tu pas que j'ai le pouvoir de te crucifier, et que j'ai le pouvoir de te relâcher ?
>
> Jésus répondit : Tu n'aurais sur moi aucun pouvoir, s'il ne t'avait été donné d'en haut. C'est pourquoi celui qui me livre à toi commet un plus grand péché. Dès ce moment, Pilate cherchait à le relâcher…
>
> Jean 19,9-12

9. L'ART DE SUIVRE JOSEPH EST L'ART DE CROIRE QU'IL PEUT Y AVOIR UNE PÉRIODE DIFFICILE.

> Voici, il y aura sept années de grande abondance dans tout le pays d'Égypte.
>
> Sept années de famine viendront après elles ; et l'on oubliera toute cette abondance au pays d'Égypte, et la famine consumera le pays.
>
> Genèse 41,29-30

L'abondance d'une bonne saison engendre des déceptions et des illusions chez ceux qui en jouissent. C'est ce que la Bible appelle la séduction des richesses. Les richesses sont accompagnées de nombreuses déceptions. Quand il y a abondance, il est difficile de croire qu'il puisse y avoir une saison maigre. C'est la raison pour laquelle beaucoup de gens riches finissent pauvres. La croyance que la vie se comporte de saisons n'est tout simplement pas là. Les bonnes saisons sont si bonnes que vous ne pouvez pas imaginer qu'il puisse y avoir une saison si maigre qu'elle vous fera oublier vos jours d'abondance.

Je me souviens d'un frère qui jouissait d'une très bonne saison dans sa vie. Elle était si bonne qu'il se vantait de ses richesses et de son abondance. Il dépensait l'argent témérairement et avec arrogance. Un jour, alors que je priais pour lui, j'eus une vision.

Dans la vision, je vis la fin de son abondance et la corruption de sa prospérité. La saison des vaches maigres était sur le point de descendre sur lui, mais il ne pouvait pas percevoir la possibilité. Quand je l'avertis, il ignora ma remarque en disant qu'il était plus que prêt pour toute éventualité. Je ne pouvais que regarder, impuissant, la vision s'est réalisée.

La capacité *de croire en la possibilité* d'une telle saison est ce dont je parle. Est-ce possible ? Oui ! Pourrait-elle arriver ? Oui ! Est-ce arrivé à quelqu'un avant ? Oui ! Est-ce susceptible d'arriver dans ma vie ? Oui! Est-ce qu'il arrive que les gens perdent leur emploi merveilleux ? Oui ! Est-ce qu'il arrive que les gens doivent quitter le pays où ils vivent aujourd'hui ? Oui ! Est-ce qu'il arrive que les gens perdent la faveur dont ils jouissaient autrefois ? Oui ! Est-ce qu'il arrive que les circonstances des gens changent ? Oui ! Peut-il y avoir un ralentissement financier mondial ? Oui !

Les crises financières du monde touchent essentiellement ceux qui n'ont pas ces croyances. Quand vous croyez en la réalité des saisons maigres, vous serez une personne beaucoup plus sage. Vous serez comme Joseph, qui croyait à la possibilité de sept mauvaises années maigres. Cette conviction vous conduira à mener votre vie d'une manière différente de quelqu'un qui n'a pas de telles croyances.

10. L'ART DE SUIVRE JOSEPH EST L'ART DE SE PRÉPARER POUR L'AVENIR.

> QUE PHARAON ÉTABLISSE des commissaires sur le pays, pour lever un cinquième des récoltes de l'Égypte pendant les sept années d'abondance. Qu'ils rassemblent tous les produits de ces bonnes années qui vont venir ; qu'ils fassent, sous l'autorité de Pharaon, des amas de blé, des approvisionnements dans les villes, et qu'ils en aient la garde.
>
> Ces provisions seront en réserve pour le pays, pour les sept années de famine qui arriveront dans le pays d'Égypte, afin que le pays ne soit pas consumé par la famine.
>
> Genèse 41,33-36

Se préparer pour l'avenir est tout à fait différent de savoir et de croire en la possibilité d'une mauvaise saison. Il y a beaucoup de gens qui savent et croient qu'il va y avoir une mauvaise saison. Il faut de la foi et de l'énergie supplémentaire pour vivre en tenant compte de l'avenir.

Il est tellement plus facile de profiter tout simplement des bénédictions d'aujourd'hui ! Pourquoi dépenser de l'argent pour un problème qui ne s'est pas encore manifesté ? Pourquoi dépenser de l'argent pour quelque chose qui semble si distant, si farfelu et si improbable ?

Cette capacité à se préparer pour l'avenir est ce qui distingue les riches des pauvres. Les pays riches du monde se préparent constamment pour des événements distants et peu probables. Avant la Seconde Guerre mondiale, l'Allemagne s'est réarmée et préparé intensivement pour la guerre. Les pays voisins ne comprenaient pas l'ampleur des destructions qui étaient sur le point de se déchaîner sur eux. Des millions de personnes dans la Pologne voisine étaient sur le point d'être abattus par la machine de guerre meurtrière hitlérienne - la Wehrmacht. Pourtant, la Pologne fit peu de préparations pour l'avenir. Même après qu'Hitler ait envahi l'Autriche, ils semblaient toujours espérer que l'avenir ne serait pas la guerre. Ils payèrent par des millions de vies.

Aujourd'hui, des pays comme la Suisse ont mis des lois en place obligeant tous ceux qui construisent une nouvelle maison à construire un abri anti-bombes. Ces abris coûteux sont des préparations qu'ils font pour une éventuelle guerre nucléaire. Cela peut sembler exagéré, mais c'est l'art de la préparation, dans la pratique.

Alors que vous lisez ce livre, Dieu vous montre les choses à l'avenir. Il vous donne la sagesse et la grâce de vous préparer pour l'avenir. Rappelez-vous, il ne suffit pas de savoir des choses à ce sujet. Que faites-vous pour vous préparer pour de futures difficultés et de futures saisons maigres ?

11. L'ART DE SUIVRE JOSEPH EST L'ART DE MANIFESTER DE L'AMOUR QUAND VOUS DEVENEZ UN HOMME D'AUTORITE

Quand les frères de Joseph virent que leur père était mort, ils dirent : Si Joseph nous prenait en haine, et nous rendait tout le mal que nous lui avons fait !

Et ils firent dire à Joseph : Ton père a donné cet ordre avant de mourir :

Vous parlerez ainsi à Joseph : Oh ! pardonne le crime de tes frères et leur péché, car ils t'ont fait du mal ! Pardonne maintenant le péché des serviteurs du Dieu de ton père ! Joseph pleura, en entendant ces paroles.

Ses frères vinrent eux-mêmes se prosterner devant lui, et ils dirent : Nous sommes tes serviteurs.

Joseph leur dit : Soyez sans crainte ; car suis-je à la place de Dieu ?

Vous aviez médité de me faire du mal: Dieu l'a changé en bien, pour accomplir ce qui arrive aujourd'hui, pour sauver la vie à un peuple nombreux.

Soyez donc sans crainte ; je vous entretiendrai, vous et vos enfants. Et il les consola, en parlant à leur cœur.

Genèse 50,15-21

Dieu conduisit Joseph par une voie qui l'assouplit et l'adoucit. Quand il fut mûr et plein d'amour, il fut élevé à un poste d'autorité. Quand une personne méchante arrive à un poste d'autorité, beaucoup de mal est déclenché.

Quand les justes se multiplient, le peuple est dans la joie ; quand le méchant domine, le peuple gémit.

Proverbes 29,2

Quand les gens sont au pouvoir, ils suivent habituellement l'une de ces trois voies : ils oublient qui ils étaient, ils deviennent plus méchants ou ils deviennent plus aimables.

Vous devez choisir de devenir une personne plus aimable qui se souvient de toutes ses luttes. Vous devez choisir de devenir quelqu'un qui se souvient de ses propres problèmes et de ses faiblesses.

Vous devez choisir de devenir quelqu'un qui voit la main de Dieu à l'œuvre. Quand vous avez cette attitude, vous êtes prêt à devenir un homme d'autorité.

12. L'ART DE SUIVRE JOSEPH EST L'ART DE FAIRE DES CHOSES EN AYANT LA MORT ET L'ÉTERNITÉ À L'ESPRIT

C'est par la foi que Joseph mourant fit mention de la sortie des fils d'Israël, et qu'IL DONNA DES ORDRES AU SUJET DE SES OS.

Hébreux 11,22

Joseph donna des instructions ayant la mort à l'esprit. Il accepta la réalité de son avenir. Il savait qu'il allait devenir un simple sac d'os et il donna des instructions ayant cela à l'esprit. Peu de gens font des choses avec la mort et l'éternité à l'esprit.

Être conscient de la mort et de l'éternité induit la plus haute forme de sagesse chez une personne. Les chrétiens qui ont la mort à l'esprit mèneront leur vie en quête de récompenses célestes plutôt que de construire tout sur terre.

Paul était conscient de la mort. Il dit : je ne sais que choisir, rester ici ou aller au ciel. À une autre occasion il dit : pour moi, vivre c'est le Christ, et mourir est un gain.

Jésus avait aussi la mort et l'éternité à l'esprit. Il dit : je vais vous préparer une place. De façon étonnante, la conscience de la mort est le pivot autour duquel la vraie sagesse évolue et se développe. Salomon devint conscient de la mort un peu trop tard. Il mena sa vie en se concentrant sur les choses et les réalisations terrestres. En fin de compte, il fut obligé de dire que tout est vanité.

La sagesse de la conscience de la mort

La conscience de la mort a une façon de vous rendre plus sage, plus riche et plus intelligent.

Un Pasteur qui a la mort à l'esprit formera des jeunes et les placera correctement, de sorte que l'église vivra plus longtemps que lui.

Un homme d'affaires qui a la mort à l'esprit aura des députés et des successeurs en place, sachant qu'il ne sera peut-être pas là pour continuer.

Un mari qui a la mort à l'esprit sera gentil envers sa femme, sachant qu'elle peut ne pas être là demain.

Une femme qui a la mort à l'esprit traitera son mari avec gentillesse, sachant qu'il peut partir un jour et qu'il lui manquera beaucoup.

Les enfants qui ont la mort à l'esprit honoreront leurs parents et les aimeront, sachant que toute leur vie changerait de façon spectaculaire si leurs parents étaient morts.

Les propriétaires de maisons qui ont la mort à l'esprit écriront clairement leurs testaments, sachant qu'ils pourraient tout à coup ne pas exister sur cette terre.

Pour suivre Joseph, vous devez vous concentrer sur la réalité de la mort et donner des ordres pour le moment où vous serez transformé en os !

Chapitre 9

L'art de suivre Moïse

1. L'ART DE SUIVRE MOÏSE EST L'ART D'AVOIR VRAIMENT AUCUNE CONFIANCE EN VOUS-MÊME.

Moïse dit à Dieu : QUI SUIS-JE, pour aller vers Pharaon, et pour faire sortir d'Égypte les enfants d'Israël ?

Exode 3,11

Car les circoncis, c'est nous, qui rendons à Dieu notre culte par l'Esprit de Dieu, qui nous glorifions en Jésus Christ, et qui ne mettons point notre confiance en la chair.

Philippiens 3,3

Quand Moïse reçut l'offre d'un emploi dans le ministère, il répondit : « Qui suis-je ? » Cette réponse révéla son humilité, sa fragilité et son manque de confiance en lui-même. Cette qualité spirituelle extraordinaire s'était développée en lui au cours de quarante années de souffrance dans le désert de la vie et du ministère. C'était une place spirituelle importante où Dieu l'avait conduit.

Souvent, Dieu vous conduira par des voies qui vous obligeront à être humble. Beaucoup d'expériences de la vie sont orchestrée par l'Esprit Saint pour vous mettre à genoux et vous rendre humble. Ce ne sont pas mes idées. Lisez vous-même : « Souviens-toi de tout le chemin que l'Éternel, ton Dieu, t'a fait faire pendant ces quarante années dans le désert, afin de l'humilier et de t'éprouver, pour savoir quelles étaient les dispositions de ton cœur et si tu garderais ou non ses commandements ». (Deutéronome 8,2)

On offre souvent des emplois à des gens dans le ministère. Parfois, on leur demande : « Qu'en pensez-vous ? » La réaction des gens est habituellement révélatrice. Certains disent : « Pas un problème. Je peux le faire ».

D'autres disent : « Je ne pense pas que j'aie la capacité de le faire ».

Bien qu'une réponse puisse sembler plus à l'aise, elle révèle généralement de l'arrogance envers l'œuvre de Dieu. Plusieurs de ces personnes pensent qu'elles sont qualifiées, et peut-être même trop qualifiées. J'ai trouvé que les gens qui ne sont pas trop confiants de leurs capacités sont généralement plus qualifiés spirituellement pour faire le travail.

Penser que vous avez quelque chose à offrir ou que vous êtes plus que capable de faire l'œuvre de Dieu est habituellement un signe que vous êtes la mauvaise personne.

Le paradoxe

Vous découvrirez deux attitudes inhabituelles et paradoxales.

a. Beaucoup de gens spirituels ne condamnent pas les pécheurs ni ne sont surpris par les péchés du peuple.

Jésus n'a pas condamné la femme surprise en adultère. Il n'a pas non plus eu l'air surpris de son impudicité. De même, de nombreux médecins ne sont pas surpris par les choses qu'ils voient, parce qu'ils ont l'habitude de voir le corps humain avec toutes ses maladies étranges. Un policier expérimenté n'est pas surpris par les crimes des êtres humains. Il est habitué à la méchanceté et aux mensonges de la nature humaine.

b. La deuxième chose paradoxale que vous découvrirez, est que les gens spirituels sont très conscients et ont véritablement honte d'eux-mêmes et de leur état de péché.

Misérable que je suis ! Qui me délivrera du corps de cette mort ?

Romains 7,24

Remarquez comment Daniel confessa ses péchés, comment l'apôtre Paul s'appelait le plus grand des pécheurs et comment Isaïe dit : « Malheur à moi je suis perdu » quand il reconnut sa culpabilité. Pierre se mit à genoux devant Jésus en disant : Éloigne-toi de moi, car je suis pécheur ».

Ces géants spirituels ont reconnu leur misère d'une façon si désarmante que vous savez qu'ils n'essaient pas juste de paraître ou avoir l'air humble.

2. L'ART DE SUIVRE MOÏSE EST L'ART DE CHOISIR D'ÊTRE DANS L'AFFLICTION.

> Par la foi, Moïse, quand il est devenu plus âgé, refusa d'être appelé fils de la fille de Pharaon ; choisissant plutôt d'être dans l'affliction avec le peuple de Dieu, que de jouir pour un temps des délices du péché ;
>
> Hébreux 11,24-25 (KJF)

Moïse choisit d'être dans l'affliction. Aujourd'hui, beaucoup de chrétiens et de ministres de l'Évangile ne veulent pas du tout être dans l'affliction. Ce concept vient du type de prédication que nous avons. Avec des thèmes d'assemblée tels que : « Il y aura des résultats », « Avec Dieu tout est possible» et « Notre année d'abondance », les chrétiens sont invités à devenir riches à tout prix et à voir Dieu faire d'eux des millionnaires, même si c'est impossible.

Ce sont de bons thèmes d'assemblée, mais ils ne vont certainement pas nous donner envie de souffrir quelle perte que ce soit. En raison de ces tendances à ne pas vouloir du tout souffrir, les mariages sont voués à l'échec avant même de commencer. En réalité, il y a beaucoup de souffrance dans le mariage. Vous ne pouvez pas vous marier sans vous attendre à souffrir en fin de compte. Vous serez voué à l'échec. L'art de suivre Moïse est l'art de choisir d'accepter de souffrir et de passer par ce que Dieu a décidé pour vous. Vous devez inclure la souffrance dans votre système de croyances.

> Car il vous a été fait la grâce, par rapport à Christ, non seulement de croire en lui, mais encore de souffrir pour lui.
>
> Philippiens 1,29

3. L'ART DE SUIVRE MOÏSE EST L'ART DE NE PAS JOUIR DES DELICES DU PECHE.

> Par la foi, Moïse, quand il est devenu plus âgé, refusa d'être appelé fils de la fille de Pharaon ; choisissant plutôt d'être dans l'affliction avec le peuple de Dieu, que de jouir pour un temps des délices du péché ;
>
> Hébreux 11,24-25 (KJF)

Pour réussir, vous devrez suivre Moïse en renonçant aux plaisirs. Le christianisme est une religion où l'on se prive, où l'on prend sa croix et on suit le Christ. Cela signifie qu'il faudra renoncer à des plaisirs physiques. Beaucoup de chrétiens ne peuvent pas imaginer vivre sans certains plaisirs. C'est pourquoi le nombre de missionnaires envoyés dans les parties pauvres du monde a considérablement diminué.

Ce sont ces petits plaisirs auxquels le chrétien moderne ne veut pas renoncer. Ne pas vouloir renoncer aux petits plaisirs en a condamné un grand nombre à l'enfer. Des millions ont été damnés sans connaître le Sauveur, sans salut ni espoir.

L'incidence et le niveau d'infection du VIH sont les mêmes dans l'église que dans le monde. Pourquoi ? Parce que les chrétiens ont pratiquement le même style de vie que les incroyants quand il s'agit de leur vie sexuelle. Les chrétiens modernes ne veulent pas abandonner les plaisirs du péché pour un temps. Refuser de mettre de côté les plaisirs du péché a entraîné l'impureté, la confusion et les malédictions sur l'église. L'art de suivre Moïse est l'art de mettre de côté les plaisirs du péché pour une saison.

4. L'ART DE SUIVRE MOÏSE EST L'ART DE VOIR L'INVISIBLE.

> C'est par la foi qu'il quitta l'Égypte, sans être effrayé de la colère du roi ; car il se montra ferme, comme voyant celui qui est invisible.
>
> Hébreux 11,27

Comparer un chrétien qui voit l'invisible à un qui ne le voit pas. Les pasteurs dont le cœur est fixé sur les trésors terrestres visibles ont un ministère très différent de ceux dont les yeux sont fixés sur le monde invisible.

Les chrétiens poules mouillées

« Pansy », poule mouillée, est un mot nouveau que j'ai récemment appris de certains amis américains. Une poule mouillée est un homme faible, efféminé et souvent lâche. Notre version moderne du christianisme orienté vers la terre a produit des chrétiens poules mouillées qui ne veulent pas se battre pour que nom de Jésus soit glorifié. Les chrétiens poules mouillées remplissent les bancs des méga-églises. Les pasteurs poules mouillées ridiculisent et insultent les ministres audacieux qui prennent une position ferme contre ceux qui constamment profanent nos bibles, notre Christ et ce qu'Il représente.

Cet état de choses est créé par un ministère qui a fixé ses yeux et son cœur sur des objectifs terrestres et visibles.

Il est temps de voir des anges. Il est temps de voir Dieu tout-puissant sur Son trône. Il est temps de voir Jésus dans toute Sa gloire.

Il est temps de détecter et de voir les esprits mauvais, les principautés et les esprits territoriaux qui dominent et influencent les gens. Comme pour Moïse, voir l'invisible vous transformera en un géant spirituel. Imaginez un peu ! Transformé de chrétien poule mouillé en homme fort et vaillant !

5. L'ART DE SUIVRE MOÏSE EST L'ART DE JOINDRE L'ENSEIGNEMENT À L'ÉCRITURE.

Et le SEIGNEUR dit à Moïse : Écris ceci pour un mémorial dans un livre, et raconte-le aux oreilles de Josué...

Exode 17,14 (KJF)

Moïse écrivit leurs marches de station en station, d'après l'ordre de l'Éternel :...

Nombres 33,2

Sous l'inspiration de l'Esprit Saint et en suivant les instructions du Seigneur, Moïse a écrit une grande partie de l'Ancien Testament. Les cinq premiers livres de la Bible sont appelés les livres de Moïse, car on croit que Moïse les a écrits. Vous devez devenir un écrivain ainsi qu'un enseignant si l'Esprit Saint vous guide dans cette voie. Les enseignements écrits sont des dons de Dieu et ils servent à élever le ministère de l'enseignant à une dimension supérieure.

Vous remarquerez dans le passage de l'Écriture ci-dessus que Dieu dit spécifiquement à Moïse d'écrire. Et c'est pourquoi ses écrits ont duré à travers les générations et en ont béni beaucoup. Si le Seigneur ne vous a pas demandé d'écrire, vous perdrez votre temps dans une entreprise futile et difficile. N'écrivez pas des livres parce que tout le monde écrit ! Écrivez parce que Dieu vous dit d'écrire !

6. L'ART DE SUIVRE MOÏSE EST L'ART DE JOINDRE L'ENSEIGNEMENT AUX MIRACLES.

Il n'a plus paru en Israël de prophète semblable à Moïse, que l'Éternel connaissait face à face. Nul ne peut lui être comparé pour tous les signes et les miracles que Dieu l'envoya faire au pays d'Égypte contre Pharaon, contre ses serviteurs et contre tout son pays
Deutéronome 34,10-11

De nombreux ministres qui enseignent la parole de Dieu sont dépourvus de miracles, de signes et de prodiges. Les miracles, les signes et les prodiges élèveront le ministère à un niveau beaucoup plus élevé. Ce niveau supérieur du ministère fera que vos enseignements seront bien mieux reçus et à un plus haut niveau.

Kenneth Hagin est un excellent exemple de quelqu'un qui a joint l'enseignement aux miracles, signes et prodiges. Joindre les enseignements aux signes et prodiges donna lieu à un ministère explosif et irrésistible qui a touché le monde entier. Les leçons simples de la Bible sur la foi par un enseignant de la Bible, se transformèrent en ministère fascinant et de renommée mondiale.

Élevez votre ministère à un niveau supérieur en opérant des signes et des prodiges alors que vous suivez l'exemple de Moïse !

7. L'ART DE SUIVRE MOÏSE EST L'ART DE SE SERVIR DES MALÉDICTIONS COMME D'UNE ARME SPIRITUELLE.

Un homme de Dieu doit comprendre les armes dont il dispose. De nombreux ministres se querellent, se battent et se servent d'autres méthodes terrestres pour atteindre leurs objectifs. Mais pas Moïse ! Il compta sur la puissance spirituelle pour s'assurer que ses souhaits étaient réalisés. Moïse eut recours à des malédictions de grande envergure pour faire face à la rébellion et à la désobéissance.

Une visite au Musée Yad Vashem de Jérusalem vous prouvera que ses paroles ont été accomplies à la lettre. Je suggère à toute personne qui se soucie de connaître l'exactitude des malédictions de Moïse d'aller au mémorial de Yad Vashem pour découvrir la réalité des malédictions de Moïse.

Suivez Moïse en utilisant les armes spirituelles dont vous disposez.

8. L'ART DE SUIVRE MOÏSE EST L'ART DE POSER FIDÈLEMENT DES FONDATIONS.

> C'est pourquoi, frères saints, qui avez part à la vocation céleste, considérez l'Apôtre et le Souverain sacrificateur de la foi que nous professons, Jésus, qui a été *fidèle* à celui qui l'a établi, comme le fut Moïse dans toute sa maison.
>
> Hébreux 3,1-2

Moïse fut fidèle en posant les fondation pour la nation d'Israël. Non seulement la nation d'Israël fut construite par les lois de Moïse, mais aussi les nations du monde entier ont été construites sur les lois et principes enseignés par Moïse.

La fidélité est perçue quand une personne fait quelque chose sans récompense, et quand elle ne verra ni ne pourra voir le résultat de ce qu'elle fait.

Moïse a été décrit comme fidèle, parce qu'il a fidèlement posé les fondations pour la nation d'Israël. De son vivant, il n'a même pas pu poser le pied sur le sol de la nation d'Israël. Mais étant un homme fidèle, il a travaillé pour l'avenir et pour ce que Dieu lui avait dit.

9. L'ART DE SUIVRE MOÏSE EST L'ART DE NE PAS ÊTRE IMPRESSIONNÉ PAR LE MONDE.

C'est par la foi que Moïse, devenu grand, refusa d'être appelé fils de la fille de Pharaon,

aimant mieux être maltraité avec le peuple de Dieu que d'avoir pour un temps la jouissance du péché,

regardant l'opprobre de Christ comme une richesse plus grande que les trésors de l'Égypte, car il avait les yeux fixés sur la rémunération.

Hébreux 11,24-26

Beaucoup d'entre nous sommes très impressionnés par le monde, les pays riches, les bâtiments impressionnants, les boutiques, les routes et les vies raffinées. Mais rien de cela n'impressionna Moïse. Il avait été dans la maison de Pharaon pendant des années, mais la vie d'un roi égyptien ne l'impressionnait pas. Il n'y vit rien qui valait la peine d'y rester. Malheureusement, on ne peut pas en dire autant des pasteurs d'aujourd'hui.

Une visite aux États-Unis suffit pour convaincre la plupart des pasteurs de quitter leurs pauvres villes africaines et d'émigrer en Amérique où ils voient une abondance de supermarchés, de lumières brillantes, de voitures tape-à-l'œil, de routes et de ponts excellents. Ils sont impressionnés par l'abondance des centres commerciaux, des magasins de chaussures, des magasins de vêtements et des boutiques de marque. Pour une raison ou une autre, Moïse n'a pas été impressionné par les choses qu'il a vues au palais. Il est resté fidèle à son héritage israélien et à son appel.

J'ai rencontré d'innombrables pasteurs qui ont abandonné leur vocation dans les pays africains pour un ministère plus lucratif et rentable en Amérique. Mais je n'ai pas rencontré beaucoup de pasteurs qui ont abandonné l'Amérique pour les villes pauvres d'Afrique. Malheureusement, c'est la triste tendance du ministère aujourd'hui. Si nous voulons réaliser les grandes choses que Moïse a réalisées, nous ne pouvons pas être impressionnés par les délices et les plaisirs de Pharaon.

Décidez-vous de n'être impressionné par rien de ce que le monde a à offrir. Vous pouvez vivre et être heureux sans rien de cela.

10. L'ART DE SUIVRE MOÏSE EST L'ART RECONNAÎTRE LE ROLE DES DIFFÉRENTS PÈRES.

Moïse écouta la voix de son beau-père, et fit tout ce qu'il avait dit.

Exode 18,24

Bien que Jéthro fût seulement un beau-père de Moïse, Moïse se soumit à son conseil. Par ce simple acte, Moïse révéla l'importance d'avoir affaire aux différents types de pères. Si Moïse, le père d'Israël, s'est soumis au conseil de son beau-père, ne pensez-vous pas que vous devriez vous soumettre aux pères de votre vie ?

11. L'ART DE SUIVRE MOÏSE EST L'ART DE FAIRE UN CHOIX TACTIQUE.

Moïse se décida à demeurer chez cet homme, qui lui donna pour femme Séphora, sa fille.

Exode 2,21

Moïse a été sévèrement critiqué pour son mariage avec une éthiopienne. Vous pouvez le critiquer si vous voulez, mais gardez à l'esprit que Dieu ne l'a pas critiqué pour qui il a épousé. Si Moïse n'avait pas pratiquement et humblement pris une femme, il serait resté sans femme les quarante ans qu'il devait passer au désert.

Si les gens étaient pratiques, tout le monde aurait un mari ou une femme. Parce que les gens ne sont ni humbles, ni pratiques, ni réalistes, ils passent devant leurs conjoints, mais sont incapables de les reconnaître. Ils veulent quelque chose d'idéal.

Moïse aussi aurait aimé une femme idéale, mais il dut se contenter de Séphora, parce que c'était ce qu'il pouvait avoir dans ces circonstances. Joseph dut aussi épouser une égyptienne par qui il engendra Manassé et Éphraïm. Parce que les gens ne sont ni pratiques ni réalistes, ils manquent les dons de Dieu pour eux. L'idéalisme est un tueur de solutions pratiques aux problèmes réels.

Il y a plusieurs années, Dieu nous a donné une vieille salle de cinéma délabrée. C'était ce que nous pouvions nous permettre et c'est là que nous étions. Refuser d'accepter les humbles dons de Dieu peut conduire à la pauvreté et au manque en toutes choses.

Soyez humble et pratique ! Vous ferez l'expérience de la bonté de Dieu dans votre vie.

12. L'ART DE SUIVRE MOÏSE EST L'ART D'AVOIR UN SUCCESSEUR.

Josué, fils de Nun, était rempli de l'esprit de sagesse, car Moïse avait posé ses mains sur lui. Les enfants d'Israël lui obéirent, et se conformèrent aux ordres que l'Éternel avait donnés à Moïse.
Deutéronome 34,9

Un jour, je parlai à un millionnaire qui me dit que seulement dix pour cent des millionnaires comme lui avaient un testament. J'ai été choqué par la statistique. Beaucoup de gens laissent l'avenir de leurs vies et de leurs ministères au hasard. Ils se disent : « tout s'arrangera à la fin ».

D'une certaine manière, il est difficile de comprendre que la vie puisse soudain continuer sans nous. Et pourtant, la mort est l'une des choses les plus sûres qui arrivera. Comme on dit, le succès sans successeur est un échec.

L'une des raisons pour lesquelles les gens n'ont pas de successeurs est qu'ils estiment que personne d'autre ne peut faire ce qu'ils font.

Vous pouvez influencer quatre générations

L'apôtre Paul nous a révélé que vous pouvez avoir une influence sur quatre générations différentes en formant les autres. Vous pouvez avoir un successeur qui aura d'autres successeurs.

> Et ce que tu as entendu de moi en présence de beaucoup de témoins, confie-le à des hommes fidèles, qui soient capables de l'enseigner aussi à d'autres.
>
> 2 Timothée 2,2

D'après ce verset, Paul aurait une influence sur sa propre génération, sur Timothée, sur les hommes fidèles et sur d'autres. Telles sont les quatre générations distinctes que chaque homme de Dieu peut toucher.

Pensez-y. Votre ministère n'a pas besoin de s'arrêter à la fin de votre vie. Il peut continuer pendant quatre générations. Si vous prenez au sérieux le ministère de susciter des successeurs, Dieu se servira beaucoup de vous au niveau international.

Chapitre 10

L'art de suivre Josué

1. L'ART DE SUIVRE JOSUÉ EST L'ART D'ÊTRE INGÉNIEUX

> Et, parmi ceux qui avaient exploré le pays, JOSUÉ, fils de Nun, et CALEB, fils de Jephunné, déchirèrent leurs vêtements, et PARLÈRENT ainsi à toute l'assemblée des enfants d'Israël : Le pays que nous avons parcouru, pour l'explorer, est un pays très bon, excellent.
>
> Si l'Éternel nous est favorable, il nous mènera dans ce pays, et nous le donnera : c'est un pays où coulent le lait et le miel.
>
> Seulement, ne soyez point rebelles contre l'Éternel, et ne craignez point les gens de ce pays, car ils nous serviront de pâture, ils n'ont plus d'ombrage pour les couvrir, l'Éternel est avec nous, ne les craignez point !
>
> Nombres 14,6-9

On se rappelle de Josué surtout pour être positif sur les plans de Moïse pour envahir Jéricho. Les enfants d'Israël sont célèbres pour être négatifs sur ces mêmes plans. C'est l'attitude positive de Josué qui lui a valu une place dans l'histoire, et qui lui a obtenu d'être délivré des maladies qui ont tué plus d'un million d'autres Israélites.

Dieu écoute vos paroles. Vos mots sont le reflet de ce qui est dans votre cœur. Les paroles négatives sont le reflet d'une attitude négative et rebelle.

Il y a des gens qui sont possédés par un esprit d'opposition, de renversement et de rejet de toute bonne chose. Ce mauvais esprit se révèle par leurs paroles quand ils s'opposent aux grands projets et desseins de Dieu !

L'art de suivre Josué est l'art de devenir une personne positive qui croit qu'on peut faire quelque chose. Si vous voulez trouver des gens qui ne soient pas ingénieux, il vous suffit d'assister à une réunion et de regarder les réactions des gens face aux nouvelles idées proposées.

« On ne peut pas faire ça », diront-ils.

« Ce n'est pas possible ».

« Il se peut qu'il pleuve ».

« Les gens n'aiment pas ce genre de choses ».

« Nous n'avons pas assez d'argent ».

« On n'a jamais fait ça avant ».

« Untel ne fait pas ça comme ça ».

Telles sont quelques réponses courantes auxquelles vous pouvez vous attendre de la part de ceux qui ne sont pas ingénieux. Le fait que vous soyez en train de lire ce livre montre que vous êtes ingénieux. Ouvrez votre cœur et croyez que Dieu peut faire et fera de grandes choses dans votre vie.

Rejetez l'influence de ceux qui ne sont pas ingénieux. Ne leur permettez pas de dominer les réunions ! Ne laissez pas ces gens-là dominer les esprits des simples. Par la sagesse, vous devez aller de l'avant et accomplir de grandes choses pour Dieu.

Les sept déclarations ingénieuses de Josué

1. Le pays est un pays très bon et excellent.
2. Si l'Éternel nous est favorable, Il nous mènera dans ce pays.
3. Si l'Éternel nous est favorable, Il nous donnera le pays.
4. Le pays de Canaan est une terre où coulent le lait et le miel.

5. Ne craignez point les gens de ce pays.
6. Les gens nous serviront de pâture.
7. Les gens n'auront plus de défense.

2. L'ART DE SUIVRE JOSUÉ EST L'ART DE DÉVELOPPER UN ESPRIT INDÉPENDANT QUI N'A PAS BESOIN DE SUIVRE LA FOULE.

Vos cadavres tomberont dans ce désert. VOUS TOUS, DONT ON A FAIT LE DÉNOMBREMENT, en vous comptant depuis l'âge de vingt ans et au-dessus, et qui avez murmuré contre moi, vous n'entrerez point dans le pays que j'avais juré de vous faire habiter, EXCEPTÉ CALEB, FILS DE JEPHUNNÉ, ET JOSUÉ, FILS DE NUN.

Nombres 14,29-30

La plupart des gens dépendent des sentiments et des émotions de la foule. « Qui d'autre fait cela ? », demandèrent-ils. Suis-je le seul ?

Qui d'autre a réussi et qui d'autre a échoué, sont les questions les plus courantes quand les résultats des examens sont publiés. Il y a tellement de confort à faire partie d'un groupe. Votre capacité d'avoir un esprit indépendant qui ne suit pas la majorité est la marque du leadership et un signe que vous êtes un homme de conviction.

Jésus a recommandé Jean le Baptiste parce que c'était ce genre de personne. Il n'était pas un roseau se balançant et pliant au gré du vent. Il défendait ce qu'il croyait et le déclarait hardiment. Il était même prêt à mourir pour ce qu'il croyait.

C'est ce que Josué fit quand il déclara une opinion contraire à la présence de deux millions d'Israéliens en colère et révoltés.

La majorité a-t-elle toujours raison ?

La majorité a-t-elle toujours raison ? Certainement pas ! Les choix que fait la majorité lors des élections sont la meilleure preuve que la majorité a souvent tort. Pour être un bon leader, vous devez vous rappeler de suivre ce que Dieu dit et non la majorité.

3. L'ART DE SUIVRE JOSUÉ EST L'ART DE NE PAS ÊTRE ATTIRÉ PAR LA CULTURE DU MURMURE ET DE LA PLAINTE.

L'Éternel parla à Moïse et à Aaron, et dit :

Jusqu'à quand laisserai-je cette méchante assemblée murmurer contre moi ? J'ai entendu les murmures des enfants d'Israël qui murmuraient contre moi.

Nombres 14,26-27

Le murmure et la plainte peuvent devenir la culture de n'importe quel bureau, église ou groupe. Les Israélites développèrent cette culture de l'insatisfaction, du mécontentement et du désenchantement envers tout ce que leur chef faisait. Ils se plaignirent de tout, jusqu'à ce que leurs plaintes ressemblent à la folie.

La plainte et le murmure sont sataniques dans leur nature même. Les choses démoniaques n'ont souvent pas de sens quand on les analyse. Cela n'a pas de sens quand les gens crient et se déchaînent pour être délivrés de l'esclavage. Les explosions insensées et déraisonnables des Israélites révélèrent la présence de démons parmi eux.

Votre église a-t-elle développée une culture de soupçon, de commentaires, de murmure et de discussion, d'analyse, de critique de tout et de n'importe quoi ? Si c'est ce qui est arrivé à votre église, vous avez besoin d'en sortir le plus vite possible. Vous êtes assis sur une bombe à retardement spirituel. La destruction est balisée pour tous ceux qui se plaignent et murmurent.

Miriam a contracté la lèpre parce qu'elle murmurait contre Moïse.

Les Israélites ont contracté des pestes et maladies quand ils murmurèrent contre le Seigneur.

Les hommes que Moïse avait envoyés pour explorer le pays, et qui, à leur retour, avaient fait murmurer contre lui toute l'assemblée, en décriant le pays ; ces hommes, qui avaient décrié le pays, moururent frappés d'une plaie devant l'Éternel.

Josué, fils de Nun, et Caleb, fils de Jephunné, restèrent seuls vivants parmi ces hommes qui étaient allés pour explorer le pays.

Nombres 14,36-38

4. L'ART DE SUIVRE JOSUÉ EST L'ART DE POUVOIR RESTER PROCHE D'UN GRAND HOMME DE DIEU SANS ÊTRE OFFENSÉ.

Et béni est, quiconque ne sera pas offensé à cause de moi.

Luc 7,23 (KJF)

Le mot grec « offensé » est skandalizo. Cela signifie voir en quelqu'un *quelque chose que vous désapprouvez* et *quelque chose qui engage votre mécontentement.* Certains voient toujours quelque chose qu'ils désapprouvent.

D'une certaine manière, vous devez développer l'art de rester près d'un homme de Dieu sans *voir* quelque chose que vous désapprouvez.

Comment se fait-il que vos yeux voient toujours le négatif ? Comment se fait-il que vous remarquez toujours quelque chose que vous désapprouvez ? L'offense (Skandalizo) vous situe là où vous ne pouvez rien recevoir d'une personne.

Josué était un serviteur personnel de Moïse. Il a dû très bien le connaître, en raison du travail personnel dans lequel il était impliqué. Pourtant, il n'a développé aucun air ou attitude négative à l'égard de Moïse. « Moïse se leva, avec Josué qui le servait, et Moïse monta sur la montagne de Dieu ». Exode 24,13

Moïse imposa les mains sur Josué et il reçut la sagesse de diriger les gens. De façon étonnante, Aaron, l'assistant de Moïse, ne fut pas choisi pour succéder à Moïse. Au lieu de cela, le serviteur subalterne Josué fut choisi pour être le successeur de Moïse.

5. L'ART DE SUIVRE JOSUÉ EST L'ART D'AVOIR LA CAPACITÉ DE SUCCÉDER À UN GRAND HOMME DE DIEU.

> Après la mort de Moïse, serviteur de l'Éternel, l'Éternel dit à Josué, fils de Nun, serviteur de Moïse : Moïse, mon serviteur, est mort ; maintenant, lève-toi, passe ce Jourdain, toi et tout ce peuple, pour entrer dans le pays que je donne aux enfants d'Israël.
>
> Josué 1,1-2

> Josué, fils de Nun, était rempli de l'esprit de sagesse, car Moïse avait posé ses mains sur lui. Les enfants d'Israël lui obéirent, et se conformèrent aux ordres que l'Éternel avait donnés à Moïse.
>
> Deutéronome 34,9

Joshua hérita de la nation d'Israël et a fit un excellent travail en faisant avancer les choses. Il hérita d'un pays en difficulté dans le désert, mais les fit traverser le fleuve du Jourdain et entrer dans la Terre Promise. Il divisa la Terre Promise pour le peuple d'Israël et les laissa dans des conditions nettement améliorées.

C'est ce qui doit arriver lorsque vous succédez à une personne exceptionnelle.

Malheureusement, nous devons signaler que seulement deux pour cent de ceux qui héritent de la richesse sont en mesure de la faire accroître. En effet, il est plus facile d'hériter de l'argent que d'hériter des attitudes et des principes qui créent la richesse. Un grand nombre d'histoires abondent de gens qui ont hérité de l'argent, mais qui n'ont pas hérité de la capacité de faire accroître ce dont ils ont hérité. En raison de leur incapacité à apprendre, ceux qui héritent des richesses les perdent souvent complètement.

Vous ne pouvez succéder à une personne exceptionnelle que si vous comprenez ce qu'elle a fait.

Quatre clés pour succéder à une personne exceptionnelle

a. L'humilité :

Roboam succéda à son père avec une attitude orgueilleuse et perdit quatre-vingt dix pour cent de ce que son père avait fait. Tous les grands ont été aidés par d'autres à devenir qui ils étaient. Vous devrez respecter toutes ces assistants et les contributions qu'ils ont faits. Ne pas les respecter vous fera échouer lamentablement.

Vous devez rester humble lorsque vous succéder à une personne exceptionnelle, parce que la fierté vous rendra aveugle aux raisons de son succès. La fierté vous fera également mépriser une grande personne exceptionnelle pour ses erreurs.

b. L'admiration pour la personne exceptionnelle qui vous précède :

C'est cette admiration qui vous fera vous rendre compte que la personne exceptionnelle qui vous précède savait quelque chose que vous ne savez pas. Elle vous fera aussi vous rendre compte que la personne a compris des choses que vous ne comprenez pas. L'admiration ouvre votre cœur et fait de vous un récepteur.

La raison pour laquelle les gens travaillent pour les riches et restent pauvres est qu'ils les méprisent et même les haïssent. Vous ne pouvez pas apprendre de quelqu'un que vous méprisez ou haïssez ! Vous ne pouvez apprendre que de quelqu'un que vous admirez !

c. Savoir ce que la personne exceptionnelle qui vous précède savait :

La connaissance est le fondement sur lequel les gens construisent. Si vous ne savez pas ce qu'un médecin sait, vous ne pouvez pas devenir médecin. Vous devez connaître toutes les lois et principes qu'un avocat connaît pour devenir avocat. Il est important d'acquérir au moins les connaissances de votre prédécesseur.

d. Comprendre la personne exceptionnelle qui vous précède :

Vous savez peut-être ce que votre prédécesseur savait, mais vous ne savez peut-être pas pourquoi il a fait ou n'a pas fait certaines choses. Acquérir une meilleure compréhension des raisons pour lesquelles les choses sont faites de la façon dont elles sont faites est ce qui vous permettra de succéder à une personne exceptionnelle.

6. L'ART DE SUIVRE JOSUÉ EST L'ART D'ÊTRE AUDACIEUX ET COURAGEUX

Fortifie-toi et PRENDS COURAGE, car c'est toi qui mettras ce peuple en possession du pays que j'ai juré à leurs pères de leur donner. FORTIFIE-TOI SEULEMENT ET AIE BON COURAGE, en agissant fidèlement selon toute la loi que Moïse, mon serviteur, t'a prescrite ; ne t'en détourne ni à droite ni à gauche, afin de réussir dans tout ce que tu entreprendras.

Josué 1,6-7

Le bon courage est ce dont Josué avait besoin pour accomplir son ministère. On appelle aussi le bon courage l'audace, et l'audace est ce dont vous avez besoin pour entrer dans un nouveau territoire !

Vous n'avez pas besoin d'audace de rester chez vous. Mais il vous faut beaucoup d'audace pour vous aventurer dans de nouvelles choses.

Le secret de Josué fut d'entrer dans un nouveau territoire. Il s'aventura dans la Terre Promise. Il pénétra dans des choses nouvelles et dangereuses qu'il n'avait jamais rencontrées ou abordées avant.

Tout ce que Dieu a prévu pour vous et votre ministère requerra l'audace. Quand j'ai commencé une église en 1987, j'ai eu besoin d'audace. Lorsque je me suis aventuré dans le ministère de guérison, j'ai eu besoin d'encore plus d'audace pour prier pour les malades. Vous ne pouvez pas fabriquer des guérisons, vous ne pouvez pas les faire exister en criant. Il y a des miracles ou il n'y a pas de miracles. En effet, vous avez besoin de beaucoup d'audace pour entrer dans le ministère de la guérison.

J'ai eu besoin de beaucoup d'audace pour commencer les croisades de guérison de Jésus. Qui viendrait à ces croisades ? Aurais-je des dizaines, des centaines, des milliers ou des centaines de milliers de personnes ? Y aurait-il des miracles ? Les gens allaient-ils être guéris ? Je n'en avais aucune idée. Verrais-je jamais un million de personnes à une croisade ? Je ne pouvais pas répondre à ces questions.

En effet, l'audace est une clé de la puissance de Dieu.

7. L'ART DE SUIVRE JOSUÉ EST L'ART D'APPRENDRE À MÉDITER SUR LA PAROLE DE DIEU

Que ce livre de la loi ne s'éloigne point de ta bouche ; MÉDITE-LE JOUR ET NUIT, pour agir fidèlement selon tout ce qui y est écrit ; car c'est alors que tu auras du succès dans tes entreprises, c'est alors que tu réussiras.

Josué 1,8

Il y a une différence entre la lecture et la méditation. La plupart des gens ne lisent pas de livres. Parmi ceux qui lisent, seuls quelques-uns méditent attentivement sur ce qu'ils lisent. Qu'est-ce qu'il reste ? Très, très peu de gens méditent vraiment sur la Parole de Dieu ou sur ce qu'ils lisent ! Où cela nous mène-t-il ? À très, très peu de gens qui réussissent vraiment.

La méditation est la clé du succès à l'école, à l'université et dans la vie. C'est ceux qui méditent sur la Parole qui comprennent vraiment ce qu'ils lisent. La méditation sur la Parole de Dieu fut une clé du succès de Josué. Suivre Josué vous demandera de méditer fidèlement sur la Parole de Dieu. Vous savez toujours quand vous rencontrez quelqu'un qui médite sur la Parole de Dieu. Il est plein de perspicacité et de révélation sur les choses qu'il lit. Il vous enseigne les Écritures que vous connaissez déjà et vous vous demandez si vous les avez déjà lues !

Quand vous méditez sur quelque chose, vous le comprenez d'une manière très différente. C'est quand cela commence à vous être bénéfique. La méditation est la clé dont vous avez besoin pour votre vie et votre ministère. C'est la clé qui vous rendra comme Josué et vous fera entrer dans de nouveaux territoires.

J'ai passé des années à partager avec les gens les livres que j'ai découverts. Très peu de ceux qui m'écoutent méditent réellement sur les livres que je trouve si précieux. Très peu de ministres méditent vraiment sur ce que les apôtres, les prophètes et les enseignants ont écrit. C'est pourquoi cela ne leur apporte pas autant que cela pourrait.

J'ai récemment rencontré un pasteur qui avait commencé à méditer sur les phrases et les lignes d'un livre que j'avais écrit. Il a signalé un changement phénoménal dans son ministère. Il avait lu ce livre avant et avait même passé un examen sur lui. Mais il ne lui avait rien apporté. En fait, les grands écrits que Dieu a mis entre nos mains nous apporteront quelque chose lorsque nous méditerons sur eux ligne par ligne.

8. L'ART DE SUIVRE JOSUÉ EST L'ART DE SE SERVIR DE LA SAGESSE DANS LA GUERRE.

> Josué et tout Israël feignirent d'être battus devant eux, et ils s'enfuirent par le chemin du désert.
>
> Josué 8,15

Josué se servit de la sagesse pour gagner ses guerres. Aujourd'hui, Josué se présente comme un parfait exemple afin que nous puissions gagner les batailles et guerres diverses que nous devons livrer. Un bon ministre doit voir et sentir qu'il est engagé dans une grande bataille pour la justice, pour son ministère et pour sa propre vie.

Il existe différents types de ministère, et en fonction de votre personnalité et de votre vocation, vous pouvez avoir beaucoup de batailles ainsi que beaucoup de choses à combattre. Certains ministères sont plus paisibles et n'impliquent pas autant de guerre. Quel type de ministère avez-vous ? Est-il paisible ou est-ce un ministère rempli de bataille ? Il y a aussi des mariages qui sont en grande partie paisibles, mais il y a aussi des mariages qui sont remplis de disputes et de guerre continue. Vous ne pouvez pas toujours choisir d'aller en guerre. Parfois, le conflit s'impose à vous ! Vous devez apprendre à gagner une guerre et à surmonter.

Comment gagner une guerre

Les principes de la guerre sont au-delà de la portée de ce livre. Cependant, il y a une clé, pour gagner les guerres, que Josué nous aide à voir. C'est le principe que les guerres sont gagnées en grande partie en trompant l'ennemi. Votre ennemi cherche à vous tromper, parce que c'est la seule façon qu'il a pour vous détruire, vous et moi.

> **Les deux rois chercheront en leur cœur à *faire* le mal, et à la même table *ils parleront* avec fausseté.**
>
> **Daniel 11,27**

Vous devez devenir un maître en intrigues, parce que les assauts de Satan contre nous se traduisent en grande partie par des mensonges et de la tromperie. La guerre contre votre mariage pour vous faire divorcer est une guerre d'intrigues et de tromperie.

> **Après qu'on se sera joint à lui, *il usera de tromperie* ; il se mettra en marche, et il aura le dessus avec peu de monde.**
>
> **Daniel 11,23**

La guerre contre vous par vos pasteurs proches et vos amis est une guerre d'intrigues et de tromperie.

> **Ceux qui mangeront des mets de sa table causeront sa perte ; ses troupes se répandront comme un torrent, et les morts tomberont en grand nombre.**
>
> **Daniel 11,26**

La guerre contre votre ministère est opérée par Satan qui envoie certaines femmes étranges dans votre vie pour détruire. C'est l'intrigue et la tromperie. De belles séductrices arriveront dans votre vie sous différentes formes, tailles, figures et couleurs.

Leur but est de dormir avec vous, d'entrer en relation avec vous et de s'impliquer dans votre vie. Toutes ces façons de faire la guerre sont décrites en détail dans la Bible.

> **…et il lui donnera la fille de femmes, en la corrompant ; mais elle ne prendra pas son parti et ne sera pas pour lui.**
>
> **Daniel 11,17 (KJF)**

La guerre contre votre église pour la démanteler est une guerre d'intrigues et de tromperie. La guerre contre votre vie et votre ministère est une guerre d'intrigues et de tromperie. La guerre est menée par et à travers le mariage. Satan vous donnera une femme pour épouse. Par les problèmes que vous aurez dans votre mariage, il vous fera taire et fera un accord de paix avec vous. À cause de votre mariage, vous ne serez plus une menace pour lui et il y aura un accord de paix entre vous et les forces des ténèbres.

> **…la fille du roi du midi viendra vers le roi du septentrion pour rétablir la concorde. Mais elle ne conservera pas la force de son bras …**
>
> **Daniel 11,6**

Telles sont les pratiques de tromperie contre votre propre vie et votre ministère. En effet, ce n'est pas par la force brutale que les guerres sont gagnées. Le principe que « la force prime le droit » ne marche pas dans la guerre spirituelle. Dans les guerres naturelles et spirituelles, la tromperie est la principale stratégie de la bataille.

9. L'ART DE SUIVRE JOSUÉ EST L'ART DE NE PAS ESSAYER DE DIRIGER DES GENS IMPOSSIBLES À CONTRÔLER ET À DIRIGER.

> Et si vous ne trouvez pas bon de servir l'Éternel, choisissez aujourd'hui qui vous voulez servir, ou les dieux que servaient vos pères au delà du fleuve, ou les dieux des Amoréens dans le pays desquels vous habitez. MOI ET MA MAISON, NOUS SERVIRONS L'ÉTERNEL.
>
> **Josué 24,15**

Josué avait appris de l'expérience de Moïse et il n'essaya pas de changer les gens tenaces et impossibles à diriger. Il leur dit : vous pouvez aller où vous voulez, « mais moi et ma maison, nous servirons l'Éternel » (Josué 24,15)

La plus grande erreur de Moïse vint de sa frustration avec les enfants rebelles d'Israël. Dans son désespoir, il quitta la volonté de Dieu et fut interdit d'entrer dans la Terre Promise. Josué prit note de cette erreur et refusa de se battre avec les rebelles. Il les informa qu'il avait choisi de servir le Seigneur et qu'ils pouvaient choisir ce qu'ils voulaient faire. Il n'allait pas se tuer à propos de leurs attitudes rebelles.

Connaître vos limites en tant que leader est important. Quand vous avez été leader pendant un certain temps, vous commencez à penser que vous avez toutes les réponses. Mais Dieu lui-même n'a pas été capable de garder les gens soumis à Lui.

Les gens laissent et abandonnent le Dieu tout-puissant, même s'il est le meilleur leader et berger qui puisse exister. Notre Seigneur a essayé de diriger Judas, mais il s'est rebellé contre lui. Si les gens sont insolents contre le Dieu tout-puissant, pourquoi vous donnez-vous du mal à contrôler ceux qui sont impossibles à contrôler ? Moïse a lutté avec les Israélites rebelles jusqu'à ce que la lutte le détruise.

Il y a plusieurs années, quelqu'un m'a donné un bon conseil alors que je me débattais avec une personne incontrôlable. Il me dit : vous n'êtes le Saint Esprit pour personne. *Dieu n'a pas besoin d'un autre Esprit Saint, laissez donc l'Esprit Saint faire Son œuvre.* Vous ne pouvez pas faire le travail que seul l'Esprit Saint peut faire. Beaucoup de pasteurs se débattent avec leurs épouses pour quelles deviennent les épouses de pasteurs idéales. Mais seul l'Esprit Saint peut accomplir certaines tâches.

Chapitre 11

L'art de suivre le roi David

1. L'ART DE SUIVRE DAVID EST L'ART DE NE PAS MÉPRISER LES PETITES CHOSES.

Éliab, son frère aîné, qui l'avait entendu parler à ces hommes, fut enflammé de colère contre David. Et il dit : Pourquoi es-tu descendu, et À QUI AS-TU LAISSÉ CE PEU DE BREBIS dans le désert ?...

1 Samuel 17,28

David s'occupait de quelques moutons. Dans le ministère, j'ai remarqué que les gens ne veulent pas commencer d'une humble façon. La seule chose que beaucoup savent faire, c'est de « casser les pieds » du pasteur avec qui ils travaillent. Par la tromperie, ils éloignent une part entière de l'église puis se servent de ces gens pour démarrer leur propre ministère.

Un ministre s'est un jour approché de moi et m'a parlé d'un ton moqueur de l'une de nos églises qui n'avait que quelques membres. Je me suis rendu compte que cet homme de Dieu ne savait pas comment commencer une église. Il ne se rendait pas compte que les milliers de personnes, qui fréquentent l'église aujourd'hui, viennent de trois ou quatre membres originaux.

N'ayez pas peur des petits commencements, Dieu vous élèvera. Vous bénéficierez de toutes les expériences que vous avez eues dans vos petits commencements. C'est quand David gardait quelques moutons qu'il du se battre contre un ours et un lion. C'est parce qu'il avait l'habitude de lutter dans des situations impossibles qu'il put attaquer Goliath.

Quand vous aurez prêché mille fois à une centaine de personnes, vous n'aurez plus la trouille quand Dieu vous élèvera pour servir une foule de mille personnes.

J'ai prêché tant de fois que la prédication m'est maintenant beaucoup plus facile. J'ai prêché dans des atmosphères difficiles. J'ai servi dans des environnements hostiles. J'ai prêché à de puissants politiciens. J'ai servi là où les gens me méprisaient. J'ai prêché quand les gens se moquaient de moi et me huaient. J'ai aussi servi là où ils m'ont encouragé. Il n'y a quasiment pas d'atmosphère que je n'ai pas connue. Mais beaucoup de ces expériences ont été dans de petits milieux. Cela m'a aidé à me préparer pour le ministère d'aujourd'hui.

Ne précipitez pas la réussite

Pourquoi êtes-vous pressé de réussir ? Il est plus facile de faire des erreurs devant une petite foule que devant une grande. Pratiquez votre travail et votre ministère sur de petites foules. Si vous faites une erreur avec une centaine de dollars, ce sera plus facile de vous reprendre que si vous faites la même erreur avec une centaine de milliers de dollars.

Tout homme d'affaires qui peut réussir avec une petite somme d'argent peut réussir avec une plus grosse quantité d'argent. *La petitesse est une étape nécessaire dans le royaume de Dieu.* C'est une étape nécessaire pour chaque chef d'entreprise. Cela vous humilie et vous fait faire confiance à Dieu.

Jésus nous a enseigné trois principes de progrès :

- Le principe d'être fidèle dans de petites choses (Luc 16,10).
- Le principe d'être fidèle avec les affaires d'un autre. (Luc 16,12).
- Le principe d'être fidèle avec l'argent (Luc 16,11).

Vous ne pouvez éviter aucune de ces lois. Commencez petit et endurcissez-vous. Évitez les gens qui se moquent de vous et vous méprisent. Restez avec ceux qui croient en vous. Ne dites pas aux gens ce que vous faites si elles ne vous respec-tent pas. Vous pouvez réussir ! Dieu est de votre côté ! Dieu est avec vous ! Le Plus Grand est avec vous et en vous !

Ne fuyez pas les petits commencements. C'est le terrain d'entraînement de Dieu pour vous. C'est comme cela que le roi David a obtenu son éducation : à l'école des petits commencements !

2. L'ART DE SUIVRE DAVID EST L'ART D'ACCEPTER DE PETITS BOULOTS

David arriva auprès de Saül, et se présenta devant lui ; il plut beaucoup à Saül, et il fut désigné pour PORTER SES ARMES.

1 Samuel 16,21

Quand vous étudiez la vie de David, vous apprenez vite que même s'il est devenu roi, il a effectué d'abord de nombreux petits boulots. Dans la maison de son père, il était berger. Dans le palais du roi, il eut le travail de musicien, de serviteur, de garçon de courses et de porteur d'armes. Il n'était même pas soldat ! Il y a tant de chrétiens qui veulent commencer à la partie supérieure ! Mais le seul emploi qui commence à la partie supérieure est celui de fossoyeur !

Si vous étudiez d'où viennent beaucoup de gens extraordinaires, vous découvrirez qu'ils servaient autrefois au niveau le plus bas de leur profession. J'ai fait presque tous les genres de petits boulots dans l'église. J'ai été un batteur, organiste, nettoyeur et homme à tout faire. Tout cela m'a aidé à devenir un meilleur leader. Ne refusez pas les petits boulots.

Le meilleur leader est quelqu'un qui a été disciple pendant de nombreuses années. Parce que vous avez fait des petits boulots, vous êtes plus raisonnable avec vos subordonnés. Vous comprenez ce qu'ils traversent et ne donnez pas des ordres impossibles. Certains leaders ne connaissent pas les implications de leurs instructions. Ils disent juste : « Faites cela ! »

Vous devez comprendre que faire certaines choses peut avoir de profondes implications.

3. L'ART DE SUIVRE DAVID EST L'ART DE SERVIR LES AUTRES.

Et il arrivait que, quand l'esprit malin de Dieu, était sur Saul, DAVID PRENAIT LA HARPE, ET EN JOUAIT DE SA MAIN ; AINSI SAUL ÉTAIT SOULAGÉ et se trouvait bien, et l'esprit malin se retirait de lui.

1 Samuel 16,23

Si vous voulez réussir dans cette vie, décidez d'être une bénédiction pour les autres. Cela débloquera des voies pour que les bénédictions descendent sur votre vie. *Ceux qui ont le plus de succès dans le monde ont souvent joué un rôle vital dans la vie de quelqu'un d'autre.* Ils ont peut-être été des médecins qui ont sauvé les malades. Ils ont peut-être été des pasteurs qui ont servi les besoins de la population. Ils ont peut-être produit quelque chose qui a bénéficié des millions de personnes.

David a profité de l'occasion pour servir Saul. Chaque fois que les mauvais esprits venaient tourmenter Saül, David le soulageait en jouant de la harpe et en chantant pour le Seigneur. Il devint soudain utile à Saül et à son royaume. Êtes-vous utile à quelqu'un ? **Votre valeur augmente avec votre utilité !**

Il y a des chrétiens qui disent seulement : « Donne-moi, donne-moi, donne-moi ». Quand allez-vous commencer à donner quelque chose ? Quand allez-vous être une bénédiction pour quelqu'un ? Jésus est très précieux pour nous tous parce qu'Il a sauvé nos âmes en donnant Sa vie.

La valeur de David a rapidement augmenté après qu'il ait aidé Saül durant son temps d'affliction démoniaque. Saisissez votre occasion de conseiller les gens et de partager la Parole de Dieu. Prenez la responsabilité de servir les autres. Je remarque comment les gens évitent de faire l'œuvre de Dieu. Ils pensent qu'elle va les déranger. Ils pensent qu'elle va les empêcher de réussir dans leur domaine séculier. Quelle erreur ! Ils ne se rendent pas compte que, quand ils aident les autres, ils deviennent plus utiles à la société. Plus vous êtes utiles, plus vous deviendrez important.

4. L'ART DE SUIVRE DAVID EST L'ART DE SAVOIR QUE TOUT LE MONDE NE VOUS ACCEPTERA PAS.

Évitez ceux qui vous méprisent

…Éliab, son frère aîné, qui l'avait entendu parler à ces hommes, fut enflammé de colère contre David. Et il dit : Pourquoi es-tu descendu, et à qui as-tu laissé ce peu de brebis dans le désert ? Je connais ton orgueil et la malice de ton cœur. C'est pour voir la bataille que tu es descendu. David répondit : Qu'ai-je donc fait ? ne puis-je pas parler ainsi ? ET IL SE DÉTOURNA DE LUI POUR S'ADRESSER À UN AUTRE... .

1 Samuel 17,28-30

Ce passage de l'Écriture décrit la persécution que David endura de ses frères. Éliab, évidemment intimidé par David, lui lança des insultes au moment où il allait se battre avec Goliath. Le monde comprend deux types de gens : ceux qui croient en vous et ceux qui n'ont pas confiance en vous. Apprenez à vous détourner de ceux qui vous méprisent.

Quand j'ai commencé mon ministère en 1987, beaucoup de gens m'ont méprisé. Jusqu'à ce jour, il y a des groupes de gens qui pensent du mal de moi. Ils disent du mal de moi dans leurs maisons. Afin de TIRER EN SECRET sur l'homme parfait ; soudain ils tirent sur lui, et ne craignent pas. Ils s'encouragent l'un l'autre dans un mauvais dessein ; ils parlent de TENDRE DES PIÈGES EN CACHETTE ... (Psaume 64,4-5 KJF)

Je peux toujours deviner quand quelqu'un me méprise dans son cœur. Le rejet est quelque chose de spirituel.

Chaque leader doit apprendre à détecter l'esprit des gens critiques et haineux. Le rejet est une chose spirituelle et qui peut être discernée spirituellement.

Un jour, j'ai parlé à un médecin de la vie à l'étranger. Je lui dis : « Vous n'avez jamais cru en moi. Quand nous étions étudiants en médecine à Accra, vous me méprisiez ».

Il répondit : « Comment le saviez-vous ? »

« Ce que vous dites est vrai », poursuivit-il, « d'une certaine manière en ce temps-là, je n'aimais pas ce que vous faisiez. Mais maintenant, j'en suis venu à apprécier votre ministère ».

J'ai toujours su que cet homme me méprisait. Bien qu'il ne m'ait jamais dit grand-chose, je le savais dans mon esprit.

Tout comme David, je me suis détourné de lui et « j'ai suivi le flot » avec ceux qui croyaient en moi. Personne ne peut s'épanouir dans un environnement de mépris.

Dans certaines églises, les professionnels ne sont ni considérés ni respectés pour leur ministère. Si vous êtes avocat, médecin ou comptable, les ministres peuvent vous considérer comme incapables de travailler pour le ministère. Certains ministres à temps plein ne reconnaissent tout simplement pas le rôle des laïcs.

Dans certains endroits, les pauvres et les gens sans instruction sont méprisés. Il est important de se détourner d'un environnement où vous êtes méprisé. Vous ne pouvez vous épanouir que là où les gens vous respectent et vous aiment.

5. L'ART DE SUIVRE DAVID EST L'ART D'ÉVITER CEUX QUI SONT JALOUX DE VOUS.

Alors le mauvais esprit de l'Éternel fut sur Saül, qui était assis dans sa maison, sa lance à la main. David jouait, et Saül voulut le frapper avec sa lance contre la paroi. Mais David se détourna de lui, et Saül frappa de sa lance la paroi. DAVID PRIT LA FUITE ET S'ÉCHAPPA pendant la nuit.
1 Samuel 19,9-10

Toute personne que Dieu a bénie commencera à recevoir des flèches de haine et de jalousie. Vous pouvez faire le bien et seulement le bien, mais vous serez haïs à cause de votre succès. Cela fait partie de la vie. Il est de votre devoir d'éviter les flèches de la haine.

Évitez ceux qui vous haïssent

Notre église a été attaquée une fois par une foule armée d'assaillants. Lors d'une attaque précédente, mon bureau a été bombardé et incendié. Ces gens semblaient avoir des soutiens secrets et puissants, parce qu'à chaque fois que la police les arrêtait, ils étaient rapidement libérés avec des ordres « d'en haut ». Ces flèches ou bombes étaient lancées à l'église. Toutes ces attaques étaient des manifestations de haine contre l'Église et mon ministère. À de nombreuses reprises, ces attaques violentes furent montrées à la télévision nationale.

Quand notre problème devint un enjeu national, beaucoup de gens m'ont conseillé d'aller à la télévision ou à des émissions-débats radiophoniques pour expliquer notre côté du problème. Mais je savais dans mon esprit que ce serait une erreur ! Beaucoup de gens voulaient juste que je fasse l'erreur de dire quelque chose de mal pour qu'ils puissent me critiquer. Quand David reçut une lance, il décida de s'enfuir. C'est peut-être la raison pour laquelle David vécut jusqu'à un âge très avancé.

Quand vous voyez une flèche de Satan, vous devez savoir qu'il y en a beaucoup plus destinées pour votre destruction. Si vous restez assis au même endroit, la prochaine flèche va vous toucher. Il y a des moments où il est plus prudent de fuir que de se battre. Un jour, les Pharisiens voulaient tuer Jésus. Quand Jésus en prit connaissance, il s'éloigna de cette région.

Les pharisiens sortirent, et ils se consultèrent sur les moyens de le faire périr. Mais JÉSUS, L'AYANT SU, S'ÉLOIGNA de ce lieu... (Matthieu 12,14-15)

Les jeunes hommes chrétiens doivent savoir qu'ils attirent les flèches de Satan en raison du don de Dieu sur leur vie. En fait, la Bible enseigne qu'en raison de l'onction sur votre vie, les jeunes filles seront attirées vers vous.

Tes parfums ont une odeur [onction] suave ; ton nom est un PARFUM [onction] qui se répand; C'est pourquoi LES JEUNES FILLES T'AIMENT.
Cantique des cantiques 1,3

Jeune femme, parce que vous êtes belle, beaucoup d'hommes méchants et adultères s'intéressent à vous. Fuyez ces flèches immédiatement, sinon votre vie tout entière peut être détruite.

La Bible enseigne que les ministres précieux sont recherchés par le diable. Quiconque est un instrument précieux de Dieu sera pourchassé !

Car par les bassesses d'une femme prostituée un homme est réduit à un morceau de pain, et LA FEMME ADULTÈRE CHASSE APRÈS LA VIE PRÉCIEUSE.
Proverbes 6,26

Il y a quelques années, des sœurs s'intéressaient à moi à cause de mon don. Je ne savais même pas le danger dans lequel j'étais. Beaucoup de sœurs en Christ que je servais entendaient les cloches du mariage en plus de la Parole de Dieu. J'allais de maison en maison et de pièce en pièce pour partager la Parole de Dieu. Je ne savais pas que certaines sœurs étaient amoureuses de moi en raison de l'onction.

Un jour, le Seigneur me dit de choisir une épouse. Tout le temps j'avais dit : « Je ne me marierai avant au moins dix ans ».

Mais le Seigneur me parla et me dit : « Ta vie est précieuse. Tu es en danger et tu ne le sais même pas ».

Choisis une femme maintenant et reste près d'elle.

6. L'ART DE SUIVRE DAVID EST L'ART DE LAISSER DIEU ARRANGER LES CHOSES.

Mais David dit à Abischaï : NE LE DÉTRUIS PAS ! car qui pourrait IMPUNÉMENT porter la main sur l'oint de l'Éternel ?

Et David dit : L'Éternel est vivant ! C'EST À L'ÉTERNEL SEUL À LE FRAPPER, soit QUE SON JOUR VIENNE ET QU'IL MEURE, soit QU'IL DESCENDE SUR UN CHAMP DE BATAILLE ET QU'IL Y PÉRISSE.

1 Samuel 26,9-10

Dans ce passage, David révèle ses pensées les plus intimes. Il dit : « Même si le roi Saül se bat contre moi, je ne vais pas le tuer moi-même ». David n'était pas stupide !

Il savait que Saul devait mourir. Cependant, il n'allait pas être celui qui tuerait Saul.

Il donna plusieurs options sur la façon dont la prophétie concernant sa royauté s'accomplirait. Ce n'était pas possible que David puisse devenir le roi tant qu'il y avait un roi sur le trône. David donna trois options sur la façon dont son rêve de royauté et de liberté pourrait se réaliser.

La première possibilité était que le Seigneur frapperait Saül surnaturellement. La deuxième possibilité était que Saul finirait par mourir naturellement. David dit : « Son jour viendra de mourir ».

La troisième possibilité était que le roi pourrait être tué dans une bataille. Il est intéressant de noter que le Seigneur mit en œuvre son plan pour la royauté de David à travers la troisième option. Saul a bien été tué dans une bataille. Je veux démontrer par ceci que David ne s'est pas impliqué dans la mise en œuvre du plan de Dieu. Il laissa Dieu le faire et garda les mains propres !

Tout le monde pouvait voir que Dieu suivait Son propre plan. Nous devons avoir confiance en Dieu pour que Son plan parfait se réalise.

Lorsque vous vous impliquez et essayez d'aider Dieu, vous créez des Ismaël qui grandissent et défient vos Isaac.

> Moïse répondit au peuple : Ne craignez rien, RESTEZ EN PLACE, ET REGARDEZ LA DÉLIVRANCE QUE L'ÉTERNEL va vous accorder en ce jour ; car les Égyptiens que vous voyez aujourd'hui, vous ne les verrez plus jamais. L'ÉTERNEL COMBATTRA POUR VOUS ; et vous, gardez le silence.
>
> Exode 14,13-14

Les pasteurs doivent savoir que si Dieu veut que certaines personnes soient dans leurs églises, il n'est pas nécessaire de les voler d'une autre congrégation. Le Seigneur les amènera peut-être dans votre église par une circonstance ou une autre. Laissez Dieu agir. Ne vous impliquez pas dans des relations immorales avec les membres de l'église d'un autre pasteur.

Si Dieu veut que vous épousiez cet homme, ça marchera. Mesdames, il n'est pas nécessaire de vous jeter sur un homme pour qu'il vous remarque.

Après quatre ans de mariage, un homme dit à sa femme : « Tu t'es imposée à moi ! Je n'ai même pas eu la possibilité d'y réfléchir correctement ». Peut-être que cet homme l'aurait trouvé de toute façon. Mais parce qu'elle s'est imposée sur lui, il se demandait s'il avait fait le bon choix. Il est temps de laisser Dieu arranger les choses Lui-même. Gardez vos mains propres !

7. L'ART DE SUIVRE DAVID EST L'ART DE NE PAS ACCEPTER QUELQUE CHOSE QUE VOUS N'AVEZ PAS ESSAYÉ.

> **Et Saul fit armer David de son armure (...). Et David dit à Saul : JE NE PEUX PAS ALLER AVEC CES ARMES ; CAR JE NE LES AI PAS ESSAYÉS. Et David les ôta de dessus lui. Et il prit en sa main son bâton, et se choisit du torrent cinq cailloux (...) et, sa fronde à la main, et il s'approcha du Philistin.**
>
> 1 Samuel 17,38-40 (KJF)

Ce fut un tournant dans le ministère de David. Il eut l'occasion d'avoir sa plus grande percée - il s'agissait d'une question de vie ou de mort ! Allant de l'avant, il allait prendre l'une des décisions les plus importantes de sa vie : porter une armure de Saül ou non ! Il décida de ne pas porter l'armure de Saül et opta pour sa fronde avec seulement cinq pierres bien lisses. Dans cet acte, vous voyez le principe de choisir ce que vous avez essayé.

Épouser la personne que vous connaissez !

Je m'étonne devant le comportement de certains chrétiens. Ils se comportent normalement jusqu'au moment où ils sont sur le point de se marier. Au lieu d'épouser quelqu'un qu'ils connaissent, ils choisissent une personnalité mystérieuse que personne ne connaît. Ils choisissent une jeune femme dont ils connaissent très peu de choses. David refusa d'utiliser l'armure de Saül, parce qu'il ne l'avait pas essayée. Comment pouvez-vous épouser quelqu'un que vous connaissez à peine ?

Il y a sûrement des gens sympathiques dans l'église que vous pouvez épousez ! Il est important d'épouser quelqu'un qui a une bonne réputation dans l'église.

Votre fronde vous mènera à la victoire

Si vous avez vraiment l'intention de gagner la bataille contre Goliath, ne vous servez pas de l'armure de Saül ! C'est peut-être la méthode prescrite et décrétée, mais vous servir de ce qui vous est familier vous aidera à être victorieux !

Restez avec les cinq pierres bien lisses qui vous ont donné la victoire dans le passé. Si vous vous en servez au jour de votre plus grand défi, vous prospérerez !

Je connais beaucoup des membres de mon église depuis l'école secondaire. Ils m'ont aussi connu toutes ces années. Choisissez quelqu'un que vous avez connu pour un certain nombre d'années. Choisissez quelqu'un dont vous pouvez vous porter garant.

8. L'ART DE SUIVRE DAVID EST L'ART D'ÊTRE SOUPLE ET ADAPTABLE.

Tout change et la meilleure façon de vous protéger est de rester adaptable et prêt à bouger. Vous devez être fluide et sans forme comme l'eau. Tout change. Ne mettez pas vos espoirs dans une méthode ou un ordre durable. Au lieu de prendre une forme que votre ennemi peut saisir, restez fluide et souple dans la main du Maître.

> **David répondit au sacrificateur Achimélec : Le roi m'a donné un ordre et m'a dit : Que personne ne sache rien de l'affaire pour laquelle je t'envoie et de l'ordre que je t'ai donné (…). Maintenant qu'as-tu sous la main? DONNE-MOI CINQ PAINS, OU CE QUI SE TROUVERA.**
>
> **1 Samuel 21,2-3**

Dans le passage de l'Écriture ci-dessus, vous vous rendrez compte que David a agi comme un pauvre. Dans le passage de l'Écriture cité ci-dessous, David fait semblant d'être fou.

> **David se leva et s'enfuit le même jour loin de Saül. Il arriva chez Akisch, roi de Gath. (…) IL SE MONTRA COMME FOU à leurs yeux (…) ; il faisait des marques**

sur les battants des portes, ET IL LAISSAIT COULER SA SALIVE SUR SA BARBE.

1 Samuel 21,10.13

Était-il vraiment fou ? Non. Il était le gendre du roi. Il était de bonne famille. Il n'était certainement pas fou. Toutefois, à cette occasion, David dut se comporter comme un fou pour survivre. Je ne cesse de m'étonner devant la façon dont certains chrétiens sont incapables de s'adapter pour avoir une percée dans leur vie. Vous pouvez avoir à vous passer d'une voiture pour une saison pour avoir moins de factures à payer. Vous pouvez avoir à vivre dans un appartement plus petit pour pouvoir économiser de l'argent.

Beaucoup de gens veulent à tout prix impressionner le monde extérieur. Pendant une dizaine d'années, beaucoup pensaient que notre église n'existait pas. Nous faisions très peu de publicité et dépensions rarement de l'argent pour des choses extérieures coûteuses. Il y a eu des temps où j'arrivais inaperçu dans ma vieille voiture. Les gens ne me remarquaient pas. Il y a longtemps, notre église aurait pu m'acheter dix Mercedes Benz, chacune d'une couleur différente, si j'avais voulu. Mais je ne voyais pas la nécessité d'un tel achat. Nous avons plutôt investi cet argent dans des bâtiments d'église et des projets d'évangélisation.

La direction de l'église doit être prête à s'adapter à un niveau de vie inférieur pour que le ministère puisse aller de l'avant dans la prospérité.

Quand j'ai commencé notre église à Genève, je vivais dans un foyer d'étudiants. J'ai aussi vécu dans ce même foyer à chaque fois que j'étais à Genève. Je vivais dans ce foyer et me lavais dans une salle de bains commune avec le reste des pensionnaires. Il y avait toutes sortes de gens bizarres dans la salle de bain tous les jours. Quelqu'un déclara un jour : « Je trouve étonnant que vous, pasteurs de la Lighthouse, vivent comme des écoliers ou des étudiants quand vous venez en Europe ».

J'ai juste souri. Au lieu de payer des factures d'hôtel scandaleuses, nous nous adaptions à la vie étudiante et économisions beaucoup d'argent.

Je suis étonné de voir que quand quelqu'un réussit, les gens le haïssent d'autant plus. Ils l'appellent de tous les noms. Ils disent qu'il est fier. Mais ils ne regardent jamais d'assez près pour voir ce qui fait que cette personne réussit. L'apôtre Paul dit : « Je m'adapte à tous, afin d'en gagner quelques-uns à Christ ».

J'ai été faible avec les faibles (…). JE ME SUIS FAIT TOUT À TOUS, afin d'en sauver de toute manière quelques-uns.

1 Corinthiens 9,22

David s'est adapté. Paul s'est adapté. Pourquoi ne pouvez-vous pas vous adapter ?

Il y a des années, j'ai remarqué quelque chose qu'un ministre de premier plan faisait. Son église passait par des moments difficiles. Le revenu avait diminué et l'adhésion était en chute. Cet homme de Dieu, qui avait été habitué à un certain mode de vie de la classe supérieure, ne se rendit pas compte qu'il devait rapidement s'adapter aux conditions du moment. J'ai entendu dire qu'il avait loué un grand manoir avec plusieurs chambres. Le loyer était énorme. Je me suis dit : « Comment cet homme paiera son loyer ? »

Mais ce n'était pas tout. Il avait une Toyota en parfait état, mais il décida de la vendre et de conduire une Mercedes Benz. J'ai appris que la Mercedes Benz ne cessa de lui causer des problèmes. En fin de compte, cet homme de Dieu se retrouva sans une voiture et il finit par être expulsé de sa grande maison. Ce même pasteur commença alors à louer des taxis et il ne pouvait pas payer les factures. Bientôt, il devait de l'argent à plusieurs chauffeurs de taxi. Bientôt, il était appauvri et avait seulement une vingtaine de personnes dans sa congrégation.

Peut-être que si cet homme s'était adapté aux temps difficiles, il connaîtrait encore le succès dans le ministère aujourd'hui. Il n'y a pas besoin d'impressionner quiconque avec une voiture ou une maison. Ce n'est pas la voiture qui est importante, c'est celui qui est dedans qui compte !

9. L'ART DE SUIVRE DAVID EST L'ART SE CONDUIRE AVEC SAGESSE DANS VOTRE TEMPS DE PROSPERITÉ.

Et David SE CONDUISAIT AVEC SAGESSE dans tous ses chemins ; et le Seigneur était avec lui. C'est pourquoi Saul voyait qu'il SE CONDUISAIT TRÈS SAGEMENT, il avait peur de lui. (…) Or les princes des Philistins sortirent en campagne ; et il arriva, chaque fois qu'ils sortaient, que David SE COMPORTAIT AVEC PLUS DE SAGESSE que tous les serviteurs de Saul, si bien que son nom fut en grande estime.

1 Samuel 18,14-15.30

À différents moments de votre vie, Dieu vous bénira et vous élèvera. Beaucoup pensent que les problèmes appartiennent à ceux qui sont pauvres et vaincus. Vous remarquerez que les problèmes de David ont commencé après qu'il ait tué Goliath. Après une percée est venue une multitude de problèmes. Mais la Bible dit que David se conduisit sagement. Il est important de marcher dans la sagesse quand le Seigneur vous a promu.

À chaque fois que je vais à Takoradi, une ville du Ghana, ma femme me fait remarquer certains bâtiments, des bâtiments qui ont été hérités par une certaine famille. Bien que leur père leur ait laissé beaucoup de richesse et de propriété, cette famille est désormais sans un sou et à la merci des autres. Bien qu'ils aient hérité de beaucoup d'argent, ils n'en ont pas bénéficié. Peut-être qu'ils ne savaient pas comment gérer leurs richesses récemment acquises. Ils ont mal employé ce dont ils ont hérité jusqu'à ce qu'ils aient à vendre toutes leurs propriétés pour payer leurs dettes.

Le problème est que beaucoup ne savent pas comment agir sagement quand ils sont bénis. Certaines jeunes filles rétrogradent dans la foi dès qu'elles se marient. Elles oublient que Dieu leur a donné leur mari. Elles ne fréquentent plus les vigiles de prière. Elles veulent rester à l'écart de l'église. N'oubliez jamais que le Seigneur vous a donné tout ce que vous avez. Apprenez à vous conduire avec sagesse chaque fois que le Seigneur vous bénit !

Une chrétienne m'a raconta comment elle avait rétrogradé après son mariage. Elle et son mari étaient des chrétiens sérieux qui avaient l'habitude d'aller à chaque réunion.

Elle me dit : « C'est de ma faute. À un moment de notre mariage, j'ai arrêté d'aller aux réunions de prière avec mon mari ».

Elle me raconta comment, un soir où elle était couchée dans son lit avec son mari, il se tourna vers elle et lui dit : « Est-ce que ce n'est pas l'heure de la vigile de prière ? »

Elle lui a dit : « Oh, ne t'inquiète pas de ça ce soir ».

Elle fit cela à quelques reprises jusqu'à ce que son mari cesse complètement d'aller aux réunions de prière.

Pourquoi les gens désertent-ils l'église quand Dieu les bénit ? Pourquoi devez-vous cesser d'aller aux vigiles de prière juste parce que vous êtes marié ? Il est temps de savoir comment se comporter avec sagesse après la percée.

Rappelez-vous le témoignage du fils prodigue. Beaucoup pensent que c'est seulement le frère cadet qui reçut un héritage. Étudiez attentivement votre Bible. Vous verrez que tous les deux reçurent un héritage. Tous les deux ont été également bénis par leur père. Mais l'un d'eux s'est détruit avec les bonnes choses que son père lui avait données.

> …Un homme avait deux fils. Le plus jeune dit à son père : Mon père, donne-moi la part de bien qui doit me revenir. Et LE PÈRE LEUR PARTAGEA SON BIEN.
>
> Luc 15,11-12

Pourquoi se fait-il que certains se déchaînent après avoir reçu une bénédiction ? Ils ne fréquentent plus l'église, ils ne servent plus Dieu, et ils ne font plus les bonnes choses. Ce garçon prodigue reçut un héritage. Il dépensa son argent avec des prostituées et vécut dans la débauche.

Certains pays sont affligés par des gouvernements qui s'enrichissent à leur arrivée au pouvoir. Comme des vampires, ils boivent le sang de la richesse de la nation et laissent des bagatelles aux masses de la nation. Toute nation qui a des vampires pour leaders est condamnée. Ces gouvernements doivent se conduire avec sagesse et comprendre qu'ils ont la chance d'être au pouvoir.

> Malheur à toi, pays dont LE ROI EST UN ENFANT, et dont LES PRINCES MANGENT DÈS LE MATIN !
>
> Ecclésiaste 10,16

Ce passage de l'Écriture enseigne que les bénédictions abondent pour ceux qui peuvent attendre de recevoir leurs bénéfices au bon moment. C'est le principe d'une reconnaissance différée. Si vous achetez cette voiture chère au mauvais moment de votre vie, sa réparation et l'achat du carburant seront comme si on vous demandait tout votre sang. Cela vous coûtera votre vie.

Je crois dans les bonnes choses pour moi-même, mais je préfère attendre le bon moment pour profiter des bénédictions qui sont les miennes légitimement.

L'apôtre Paul dit qu'il jouissait de nombreux privilèges. Pourtant, expliqua-t-il, « je n'ai utilisé aucune de ces choses ».

> **Ne pouvons-nous pas manger et boire ? Mais JE N'AI UTILISÉ AUCUNE DE CES CHOSES, et je n'ai pas non plus écrit ces choses afin qu'on en use ainsi envers moi ; car il serait mieux pour moi de mourir, que de voir tout homme anéantir ma gloire.**
>
> **1 Corinthiens 9,4.15 (KJF)**

Bien que Paul ait été béni d'avoir le soutien de l'Église, il évita délibérément d'utiliser un grand nombre de ces privilèges. Un privilège se transformera en piège si vous sautez trop vite dessus.

10. L'ART DE SUIVRE DAVID EST L'ART D'ÉVITER L'ISOLEMENT.

> **Mais tout Israël et Juda aimaient David, parce qu'IL SORTAIT ET RENTRAIT À LEUR TÊTE.**
>
> **1 Samuel 18,16**

Les gens sans succès mènent souvent des vies solitaires. La camaraderie est une partie très importante de la réussite. Plus vous aurez de relations avec des gens pieux, plus la piété déteindra sur vous. Plus vous aurez de relations avec des gens qui réussissent, plus vous aurez de succès. Mais le succès a aussi une façon de vous isoler.

David ne s'isola pas. Il resta en contact et cela l'aida énormément. Les ministres sont souvent tentés de s'isoler de façon permanente d'autres ministres. C'est parce que beaucoup de gens qui devraient être vos frères sont souvent vos concurrents et vos rivaux. Malgré cela, il est utile d'avoir des relations et des camarades. En fait, la Bible nous enseigne que c'est un signe que vous êtes chrétien. Nous savons que nous sommes passés de la mort à la vie, parce que NOUS AIMONS LES FRÈRES. Celui qui n'aime pas demeure dans la mort. (1 Jean 3,14)

Si vous marchez dans la lumière, vous serez souvent en communion avec d'autres.

> Mais si nous marchons dans la lumière, comme il est lui-même dans la lumière, NOUS SOMMES MUTUELLEMENT EN COMMUNION, et le sang de Jésus son Fils nous purifie de tout péché.
>
> 1 Jean 1,7

Ne restez pas à l'écart. Communiquez avec les gens en face de vous. Même dans votre état de prospérité, soyez amis avec d'autres gens qui réussissent. Vous deviendrez une personne bénie parce que vous avez de bonnes associations.

11. L'ART DE SUIVRE DAVID EST L'ART DE RECONNAÎTRE L'IDENTITÉ SPIRITUELLE DE TOUS CEUX QUE VOUS RENCONTREZ.

La Bible décrit l'anti-Christ comme une bête qui a des caractéristiques particulières. Même si l'anti-Christ est réellement un homme, la Bible décrit ce qu'il est réellement. C'est une bête à sept têtes et à dix cornes. Sur ses têtes se trouvent les noms de blasphèmes, d'insultes et de confusion. Parlant sur le plan spirituel, la bête est semblable à un léopard dont les pattes ressemblent à celles d'un ours et dont la gueule ressemble à celle d'un lion. J'ai décrit cette créature grotesque du livre de l'Apocalypse pour que vous ayez une compréhension plus claire de ce à quoi vous avez affaire.

Il est important de reconnaître tous ceux dont vous avez affaire avec au niveau spirituel. Vous avez peut-être affaire à une bête et vous ne le savez même pas. Savoir à quoi vous avez affaire vous aidera à le combattre. Capturer un léopard n'est pas la même chose que de capturer un lion. Les léopards vivent dans les arbres et se comportent comme des fantômes qu'on voit à peine, tandis que les lions se promènent librement dans la savane.

> Et il dit à ses gens : Que l'Éternel me garde de commettre contre MON SEIGNEUR, l'oint de l'Éternel, une action telle que de porter ma main sur lui ! car il est L'OINT DE L'ÉTERNEL (…). David se leva et sortit de la caverne. Il se mit alors à crier après Saül : Ô ROI, MON SEIGNEUR ! (…) Vois, MON PÈRE…
> 1 Samuel 24,6.8.11

Dans ce passage, David parla du roi Saül à ses subordonnés. Ce qui m'a frappé dans le discours de David est la façon dont il fait allusion au roi. À un moment donné, il l'appelait : « Mon *seigneur* ». À d'autres moments, il l'appel-ait : « Mon *roi* », « Mon *maître* », et même « Mon *père* ».

Il aurait pu l'appeler un homme *possédé par un démon*. Il aurait pu lui faire référence comme au *démoniaque*. Nous savons tous que Saül avait un problème avec les mauvais esprits. Nous savons tous que le roi Saül était un homme de Dieu déchu. Tout le monde savait que l'onction l'avait quitté. Pourtant, David rendît l'honneur à Saül et lui fuit référence d'une manière spirituelle et honorable. Certains pensent que les titres ne sont pas importants. Je pense que les titres ont un rôle à jouer, surtout dans une grande organisation. Quoi que vous pensiez des titres, une des bonnes choses qu'ils font est qu'ils vous aident à voir à qui vous avez affaire. Ils vous aident à vous rappeler à tout moment qui vous êtes et qui vous n'êtes pas !

Parce que David se rappelait constamment qu'il avait affaire au roi oint, c'était difficile pour lui de frapper l'oint du Seigneur. Quand vous vous associez à un homme de Dieu, la familiarité peut vous faire oublier avec qui vous êtes. David n'a jamais oublié que Saül était son maître. David n'a jamais oublié que Saül était son beau-père. David ne s'est jamais permis d'oublier qu'il avait affaire à un homme oint de Dieu. C'est, je crois, l'un des secrets du succès de David.

Si David avait tué Saül, cela aurait été parce qu'il se sentait justifié de tuer un démoniaque et un homme de Dieu déchu. Il aurait pensé qu'il aidait Dieu à éliminer cet homme indigne. Bien sûr, le meurtre d'un fou furieux est perçu différemment du meurtre d'un serviteur de Dieu. Cependant, David ne s'est jamais permis de voir Saül comme un fou.

Notez que le respect de David pour la charge de Saül continua jusqu'à la fin. Quand David apprit la mort de Saül, remarquez comment il parla de Saül. Il fit référence à lui comme au « puissant ».

Comment sont tombés les PUISSANTS au milieu de la bataille ! Ô Jonathan, tu as été tué sur tes hauts lieux.

2 Samuel 1,25 (KJF)

David poursuivit et décrivit Saul comme *la beauté d'Israël*.

LA BEAUTÉ D'ISRAËL est tuée sur tes hauts lieux. Comment sont tombés les puissants !

2 Samuel 1,19 (KJF)

Ceci est remarquable compte tenu de comment la vie de Saül s'était détérioré. Je crois que des années plus tard, cet acte de voir le roi Saül de la bonne façon sauva la vie de David.

David avait enseigné à ses hommes que les rois et les autres personnes ointes ne doivent pas être assassinées. Le message implicite des actions de David était fort et clair. **Ne touchez pas à l'oint du Seigneur, quoi qu'il arrive !** Des années plus tard, quand David lui-même fit une erreur et tua Urie, il ouvrit la voie à un possible acte de revanche. Urie le Hittite était l'un des hommes puissants de Dieu. Vous le trouverez répertorié comme le dernier des puissants guerriers de David.

Ce sont ici les noms DES PUISSANTS HOMMES qu'avait David (…). URIAH, LE HITTITE ; en tout trente-sept.
2 Samuel 23,8.39

Puisque David avait tué l'un de ces puissants hommes, les autres hommes puissants auraient pu prendre leur revanche. Ils auraient pu justifier l'assassinat du roi David en disant : « C'est un homme de Dieu déchu ». Ils auraient pu dire : « Nous le connaissons. C'est un adultère et un meurtrier ».

Mais David leur avait enseigné par l'exemple de ne pas frapper l'oint du Seigneur.

Dans le monde d'aujourd'hui, il est important de percevoir les oints du Seigneur pour ce qu'ils sont réellement. Il est important à la fois en privé et en public de faire référence à votre pasteur d'une manière honorable. Si vous l'appelez « Joe Diggy » quand vous parlez de lui en privé, c'est ce qu'il sera pour vous.

Si vous lui faites référence comme « mon pasteur » ou « mon père », c'est ce qu'il sera pour vous. Vous devez vous rendre compte que la foi vient par l'ouïe. Ce que vous entendez dire à plusieurs reprises affecte votre foi. **Rappelez-vous que Dieu vous bénira souvent à travers un homme de Dieu. La méthode de Dieu est d'utiliser les hommes comme des canaux et des vaisseaux de bénédiction.**

Paul dit : « dès maintenant, nous ne connaissons personne selon la chair ». En d'autres termes, je ne vois plus les gens à travers les yeux de ma chair.

Ainsi, dès maintenant, nous ne connaissons personne selon la chair ; et si nous avons connu Christ selon la chair, maintenant nous ne le connaissons plus de cette manière.
2 Corinthiens 5,16

Si vous considérez quelqu'un comme un ami, un camarade ou un égal, alors c'est ce qu'il sera pour vous. La raison pour laquelle beaucoup d'épouses ne peuvent pas recevoir de leurs maris pasteurs, est qu'elles les considèrent comme des conjoints, des amants, des égaux et des partenaires sexuels. Apprenez à garder une perspective spirituelle des gens à qui vous avez affaire. Cela vous tiendra sur un terrain sûr tout le temps.

12. L'ART DE SUIVRE DAVID EST L'ART D'HONORER LES PÈRES.

Et il dit à ses gens : QUE L'ÉTERNEL ME GARDE DE COMMETTRE CONTRE MON SEIGNEUR, l'oint de l'Éternel, une action telle que de porter ma main sur lui! car il est l'oint de l'Éternel.

1 Samuel 24,6

Les mauvais esprits tentent de séparer les pères de leurs enfants. Étonnamment, beaucoup de pères ne s'entendent pas avec leurs enfants. L'un des secrets du succès est d'honorer à la fois vos pères naturels et spirituels, jusqu'à la fin. Dieu sait que beaucoup de pères ne vivent pas à la hauteur.

Cependant, Il s'attend à un certain honneur entre les enfants et leurs pères. Acceptez-le tout simplement ! La promesse est claire. Si vous honorez votre père, vous serez heureux et vous vivrez longtemps sur la terre.

HONORE TON PÈRE et ta mère, c'est le premier commandement avec une promesse, afin que TU SOIS HEUREUX et que TU VIVES LONGTEMPS SUR LA TERRE.

Éphésiens 6,2-3

Il y a beaucoup de pères qui peuvent et qui irritent grandement leurs enfants. Les enfants doivent être prudents de ne pas se venger, même sous une provocation extrême.

Et vous, pères, N'IRRITEZ PAS vos enfants...

Éphésiens 6,4

J'ai été provoqué de nombreuses fois par les pères naturels et les pères spirituels. Cela a été l'un de mes plus grands engagements d'honorer ces pères au milieu de la trahison et d'attaques directes. Il n'est pas facile d'honorer certains pères, mais je crois que cela conduit à la bénédiction et la faveur de Dieu.

Le père de David lui envoyait des lances. Le père de David essayait de tuer son gendre. J'ai eu des gens, censés être mes pères, qui essayèrent de me détruire dans le ministère. Des choses incroyables arrivent dans le ministère !

Je crois que David s'est trouvé à la croisée des chemins dans sa vie quand il eut l'occasion de tuer Saul. Surmonter cette tentation fut l'une des plus grandes percées de toute sa vie et de son ministère.

C'est pourquoi cette histoire est mise en valeur dans la Bible. Décidez de ne pas attaquer un père dans cette vie. Ne détruisez pas votre avenir. Aussi mauvais qu'un père puisse sembler, laissez Dieu avoir affaire à lui !

13. L'ART DE SUIVRE DAVID EST L'ART DE PRENDRE LES CONSEILS AU SÉRIEUX.

> **Et David dit à Abigail : Béni soit le Seigneur Dieu d'Israël, qui t'a en ce jour envoyée à ma rencontre. Et BÉNI SOIT TON CONSEIL, et bénie sois-tu, toi qui m'as en ce jour empêché de verser du sang, et de me venger de ma propre main.**
>
> **1 Samuel 25,32-33 (KJF)**

Dans ce passage de l'Écriture, vous voyez David sur le point de commettre une erreur. Il allait attaquer des innocents. Nabal avait été très ingrat envers David pour ses services. C'est le conseil d'Abigaïl qui sauva le jour. Une fois de plus, si le roi David avait répandu le sang à ses débuts, cela aurait pu devenir une source d'embarras et de malédiction pour lui. Cela l'aurait poursuivi tout au long de son règne.

David dit à Abigaïl : « **Béni soit ton conseil** ». Remerciez Dieu pour les gens qui donnent de bons conseils. Soyez ouvert aux conseils des gens. *Même quand votre ennemi parle, faites attention à ce qu'il dit.*

Il y a beaucoup de gens qui me conseillent. J'ai des avocats, des architectes, des ingénieurs, des médecins et des hommes d'affaires qui contribuent beaucoup dans ma vie. Je suis le leader, je dois donc prendre les décisions. Cependant, je veux savoir ce que tout le monde pense avant de prendre une décision. Parfois, même les enfants peuvent vous donner de bons conseils.

Il y a un mystère à propos des bons conseils. Celui qui conseille voit les questions très clairement et simplement. Souvent, celui qui reçoit le conseil ne croit pas que les choses sont aussi simples que cela. Ouvrez votre esprit pour pouvoir voir quand un bon conseil vient à vous.

Recevez des conseils de votre pasteur

Le roi dit à NATHAN LE PROPHÈTE [son pasteur] : Vois donc ! j'habite dans une maison de cèdre, et l'arche de Dieu habite au milieu d'une tente. Nathan répondit au roi : Va, fais tout ce que tu as dans le cœur, car l'Éternel est avec toi. La nuit suivante, la parole de l'Éternel fut adressée à Nathan : Va dire à mon serviteur David: Ainsi parle l'Éternel...

2 Samuel 7,2-5

David avait un pasteur. Il avait quelqu'un qui pouvait parler dans sa vie spirituelle. Avoir un pasteur est différent d'appartenir à une église. Les gens peuvent appartenir à une église sans avoir de berger sur leur vie. Y a-t-il quelqu'un qui peut parler dans votre vie ?

Il y a beaucoup de gens dans mon église. J'ai découvert que certains d'entre eux veulent recevoir des conseils, d'autres non. Je ne conseille pas tous les « Tom, Dick et Harry » de l'église. Je m'adresse à ceux qui ont clairement montré qu'ils voulaient des conseils.

David consulta son pasteur, Nathan, quand il voulait construire un temple. Nathan lui donna de bons conseils. Le pasteur Nathan lui donna plus tard une parole spécifique du Seigneur concernant le temple. Plus tard, quand David tomba en adultère, le pasteur Nathan eut la confiance de servir le roi. Il savait que le roi ne serait pas offensé. Il savait que le roi le recevrait comme la parole de l'Éternel.

> L'Éternel envoya Nathan vers David (…). La colère de David s'enflamma violemment contre cet homme, et il dit à Nathan : L'Éternel est vivant ! L'homme qui a fait cela mérite la mort (…) Et Nathan dit à David : TU ES CET HOMME-LÀ (…). DAVID DIT À NATHAN : J'AI PÉCHÉ CONTRE L'ÉTERNEL ! Et Nathan dit à David : L'Éternel pardonne ton péché, tu ne mourras point.
>
> 2 Samuel 12,1.5.7.13

Je sais qu'il y a certaines personnes dans mon église qui vivent d'une mauvaise façon. Mais je sais aussi que certaines de ces personnes ne sont pas ouvertes aux conseils du pasteur. Je prêche et enseigne seulement en général. S'ils s'ouvrent à mon service direct, je leur dirai certainement ce que dit la Parole de Dieu. Tout le monde a besoin d'aide, mais pas tout le monde veut de l'aide !

David aurait pu réagir en arrêtant Nathan. Il aurait pu dire à Nathan qu'il avait de mauvais rêves et devenait trop méfiant. Jérémie le prophète fut arrêté plusieurs fois à cause de ses paroles prophétiques.

> Paschhur, fils d'Immer, sacrificateur et inspecteur en chef dans la maison de l'Éternel, entendit Jérémie qui prophétisait ces choses. Et Paschhur frappa Jérémie, le prophète, et le mit dans la prison...
>
> Jérémie 20,1- 2

Votre capacité à recevoir des reproches du Seigneur se voit à la façon dont vous avez reçu les paroles précédentes. David avait déjà démontré qu'il serait obéissant à la voix du Seigneur. C'est pourquoi son pasteur eut l'audace de lui parler.

14. L'ART DE SUIVRE DAVID EST L'ART DE VOIR ET ADMETTRE VOS ERREURS RAPIDEMENT.

Il est intéressant de remarquer que Dieu décrit David comme un homme selon son cœur. Nous savons tous que David était loin d'être parfait. Serait-ce que Dieu ne recherchait pas la perfection ?

Ce qui nous rend grand aux yeux de Dieu est la manière dont nous faisons face à nos erreurs. Presque tout le monde dans la Bible a fait des erreurs. D'Adam à Pierre, la Bible est remplie d'histoires d'infractions incontestables. Mais Dieu est miséricordieux envers ses enfants.

Lorsque Saül commit une erreur, il fut confronté par le pasteur de son époque. Remarquez comment Saul discuta avec le prophète Samuel. Il insista qu'il n'avait rien fait de mal.

> Pourquoi n'as-tu pas écouté la voix de l'Éternel ? pourquoi t'es-tu jeté sur le butin, et as-tu fait ce qui est mal aux yeux de l'Éternel ? SAÜL RÉPONDIT à Samuel : J'AI BIEN ÉCOUTÉ LA VOIX DE L'ÉTERNEL (…). Samuel dit (…) : Voici, l'obéissance vaut mieux que les sacrifices (…). Puisque tu as rejeté la parole de l'Éternel, il te rejette aussi comme roi.
>
> 1 Samuel 15,19- 20. 22-23

Il fit valoir qu'il avait fait ce qui était bien. La preuve était là, mais il nia toute mauvaise action. Comparez cela à David. Quand David fut confronté par le pasteur de son temps (Nathan), il dit immédiatement : « j'ai péché ». Il admet sa faute, bien que personne n'ait même pu la prouver.

> Pourquoi donc as-tu méprisé la parole de l'Éternel, en faisant ce qui est mal à ses yeux ? Tu as frappé de l'épée Urie, le Héthien ; tu as pris sa femme pour en faire ta femme (…). DAVID DIT À NATHAN : J'AI PÉCHÉ CONTRE L'ÉTERNEL ! Et Nathan dit à David : L'Éternel pardonne ton péché, tu ne mourras point.
>
> 2 Samuel 12,9.13

D'après mon expérience avec les gens, je sais qu'on trouve ces deux types de personnes dans la vie quotidienne. Décidez d'être un David qui voit et reconnaît ses défauts facilement. Rappelez-vous ceci : Ne pas admettre ses défauts est une manifestation d'orgueil et d'obstination. Dieu n'aime pas les gens fiers. La Bible dit qu'il résiste aux orgueilleux !

15. L'ART DE SUIVRE DAVID EST L'ART D'ÊTRE DOUX ET DUR.

Soyez bon et aimant

> **Et David dit : Y a-t-il encore quelqu'un de reste de la maison de Saul, AFIN QUE JE LUI MONTRE DE LA BONTÉ pour l'amour de Jonathan ?**
>
> **2 Samuel 9,1 (KJF)**

David dit : « Y a-t-il quelqu'un à qui je peux montrer de la bonté ? » Dieu l'avait béni. David se souvenait d'où il était venu. Combien d'entre nous se souviennent de ce que Dieu a fait pour eux ? Nous disons que le Seigneur a été bon pour nous, mais nous souvenons-nous des moyens par lesquels Dieu nous a bénis ?

David appela le fils d'un vieil ami et lui montré une grande bonté.

> Or quand Mephibosheth, le fils de Jonathan, fils de Saul, vint vers David (...) Et David lui dit : N'aie pas peur, car certainement JE TE MONTRERAI DE LA BONTÉ POUR L'AMOUR DE JONATHAN, TON PÈRE...
>
> 2 Samuel 9,6-7

La Bible nous dit dans les Proverbes que faire preuve de miséricorde est une clé pour trouver la faveur et la bonne compréhension aux yeux de Dieu.

> Ne laisse pas la miséricorde et la vérité t'abandonner ; lie-les à ton cou, écris-les sur la table de ton cœur, ainsi tu trouveras la FAVEUR et la BONNE INTELLIGENCE aux yeux de Dieu et de l'homme.
>
> Proverbes 3,3-4 (KJF)

Si vous souhaitez recevoir la miséricorde de Dieu dans votre vie, apprenez à être miséricordieux. L'une des grandes clés pour nous aider à être miséricordieux est de se souvenir de ce que nous avons nous-mêmes traversé.

Un jour, je discutais avec quelques amis étudiants en médecine de leurs plans pour l'avenir. L'un d'eux dit qu'il allait retourner à l'école de médecine en tant que méchant conférencier. Même s'il avait souffert aux mains de professeurs déraisonnables, il avait l'intention de faire pire. Je me demande toujours pourquoi les gens oublient ce que c'était que d'être « sous » d'autres.

David n'a pas oublié ce que c'était que d'être « sous » d'autres. Il appela ceux qui étaient en-dessous et essaya de les élever là où il était. Il éleva Mephibosheth, fils de Jonathan, et l'assit à sa table. Il est temps de se souvenir de ceux qui sont en bas et en dessous !

Dieu vous bénira quand vous aiderez les autres à vous rejoindre là où vous êtes !

16. L'ART DE SUIVRE DAVID EST L'ART DE DÉRACINER LA DÉLOYAUTÉ.

L'un des événements intéressants de la vie de David fut quand il mit à mort l'homme qui prétendait avoir tué Saül dans la bataille.

> **Et David appela l'un de ses gens, et dit : Approche, et tue-le ! Cet homme frappa l'Amalécite, qui mourut. Et David lui dit : Que ton sang retombe sur ta tête, car TA BOUCHE A DÉPOSÉ CONTRE TOI, PUISQUE TU AS DIT : J'AI DONNÉ LA MORT À L'OINT DE L'ÉTERNEL !**
>
> **2 Samuel 1,15-16**

Un autre événement remarquable fut quand il exécuta les hommes qui avaient tué le roi d'Isch Boscheth.

> **Celui qui est venu me dire : Voici, Saül est mort, et qui croyait m'annoncer une bonne nouvelle, je l'ai fait saisir et tuer à Tsiklag, pour lui donner le salaire**

> de son message ; (…) **ET DAVID ORDONNA À SES GENS DE LES TUER** ; ils leur coupèrent les mains et les pieds, et les pendirent au bord de l'étang d'Hébron. Ils prirent ensuite la tête d'Isch Boscheth, et l'enterrèrent …
>
> 2 Samuel 4,10.12

Tout le monde savait que l'existence du roi Saül empêchait David de remplir son rêve de devenir roi. Les personnes prétendirent avoir tué Saül et son fils Isch Boscheth pensaient qu'ils faisaient une grande faveur à David. Je crois que l'un des grands secrets du succès de David fut d'éliminer ces gens immédiatement. Une fois qu'on devient « tueur de roi », on reste « tueur de roi ». Rappelez-vous que celui qui critique les autres devant vous vous critiquera devant les autres. David savait que ces gens seraient dangereux autour de lui. Ils avaient la capacité de tuer leurs leaders.

J'ai appris qu'une personne loyale envers quelqu'un d'autre est susceptible d'être loyale envers moi. Il y a des années, un pasteur me rejoignit à partir d'un autre ministère. Il avait fidèlement servi un autre ministre à Londres pour une dizaine d'années. En raison de certaines circonstances, il fut obligé de quitter Londres et de s'installer dans un autre pays. C'est alors que je l'ai rencontré. Il prit la décision de travailler sous mon ministère. La chose qui m'a impressionné chez cet homme est qu'il n'a jamais parlé négativement de l'église à laquelle il avait appartenu les dix années précédentes.

Bien qu'il était très impressionné par notre ministère, à aucun moment une déclaration sarcastique ou déloyale sortit de sa bouche sur son ancien pasteur. C'est vraiment un signe très important.

Cela veut dire que cette personne est susceptible de se comporter de la même manière avec un nouveau « patron ». Ne pensez pas que vous êtes spécial. Si un homme met sa femme à la porte et vous vous trouvez être la nouvelle maîtresse, ne pensez pas que vous recevrez un meilleur traitement.

Méfiez-vous des gens méchants, erratiques et déloyaux. Ce qu'ils ont fait à un autre, ils vous le feront un jour. David empêcha son propre assassinat par l'élimination immédiate des traîtres et rebelles. **Une personne avec des tendances traîtresses peut les pratiquer sur n'importe quel nouveau maître.** Entourez-vous de gens loyaux. Restez avec le petit nombre auquel vous pouvez faire confiance. Il est préférable d'avoir quelques personnes loyales que d'avoir beaucoup de traîtres et de gens dangereux autour de vous.

17. L'ART DE SUIVRE DAVID EST L'ART DE CONSULTER LE SEIGNEUR SUR TOUT.

DAVID CONSULTA L'ÉTERNEL, en disant : Irai-je, et battrai-je ces Philistins ? Et l'Éternel lui répondit : Va, tu battras les Philistins, et tu DÉLIVRERAS KEÏLA. (…) DAVID CONSULTA ENCORE L'ÉTERNEL. Et l'Éternel lui répondit : Lève-toi, descends à Keïla, car je livre les Philistins entre tes mains.

1 Samuel 23,2.4

L'une des phrases courantes dans 1 et 2 Samuel est : « David consulta le Seigneur ». Le principe de David qui consulte le Seigneur est important pour nous tous aujourd'hui.

David défendit les gens de Keïla et les délivra du mal. Quand le roi Saül apprit que David était dans la ville des gens de Keïla, il décida d'attaquer. Naturellement, vous penseriez que les gens de Keïla auraient protégé David contre Saül. Mais David, comme une question de routine, consulta le Seigneur.

DAVID DIT ENCORE : Les habitants de Keïla me livreront-ils, moi et mes gens, entre les mains de Saül ? Et l'Éternel répondit : Ils te livreront.

1 Samuel 23,12

À sa grande surprise, le Seigneur lui dit que les gens qu'il venait de sauver le trahiraient et le livreraient à Saül. David a dû être surpris quand le Seigneur lui dit : « Ces gens vont être ingrat envers vous. Ils te livreront à Saül pour être exécuté ».

David sauva sa vie par cet acte de consultation du Seigneur. Si David n'avait pas eu ces principes, sa vie aurait été raccourcie. Si David n'avait pas développé l'habitude d'attendre le Seigneur, il serait mort un jeune homme. Le ministère de David aurait fini des ans plus tôt, s'il n'avait pas utilisé ce principe important.

Il y a des moments où le Seigneur m'a montré des choses contraires à ma compréhension. Le ministère est une vocation surnaturelle. Le fait que vous utilisez votre esprit pour prendre des décisions ne veut pas dire que vous ne devriez pas écouter l'Esprit Saint. Je me sers beaucoup de mon esprit, mais je compte plus sur la direction surnaturelle de l'Esprit Saint. Remerciez Dieu pour votre esprit. Mais l'Esprit Saint nous conduit chaque jour de notre vie.

Car tous ceux qui sont conduits par l'Esprit de Dieu sont fils de Dieu. (Romains 8,14). S'il n'était pas nécessaire à Dieu de nous conduire par Son Esprit, Il ne perdrait pas son temps. Écoutez la voix de l'Esprit Saint et vous connaitrez le succès.

18. L'ART DE SUIVRE DAVID EST L'ART D'ÊTRE RELIGIEUX.

David était une personne très religieuse. Il n'a pas laissé les choses spirituelles seulement aux prophètes et pasteurs. Bien qu'il fût roi, son cœur était dans les choses spirituelles. Vous pouvez voir le genre de personne qu'il était des Psaumes qu'il a écrit. David a parlé de la vie dans le temple de Dieu. Il pensait au fait de rester dans l'église pendant de longues heures.

> **Mieux vaut UN JOUR DANS TES PARVIS que mille ailleurs ; je préfère me tenir sur le seuil de la maison de mon Dieu, plutôt que d'habiter sous les tentes de la méchanceté.**
>
> **Psaume 84,10**
>
> **JE SUIS DANS LA JOIE quand on me dit : Allons à la maison de l'Éternel !**
>
> **Psaume 122,1**

David organisa le transfert de l'Arche de l'Alliance à Jérusalem. C'était très important pour lui que ces choses soient faites. Je crois que faire de Dieu un personnage central dans votre vie est essentiel au succès. David voulait construire un temple. Il voulait construire une église. Combien de politiciens et de gens de pouvoir pensent construire une église ?

Combien de gens diraient qu'ils aimeraient rester dans l'église pendant de longues périodes ?

Ceux qui ont de la richesse et de l'influence luttent souvent contre l'église. Ils s'exaltent comme des éléments fiers et arrogants capables de détruire l'église. Apprenez une leçon de David. Son cœur était dans l'église. Sa vision était de construire un grand temple pour Dieu. C'est ce que je veux dire par être religieux. Quelque soit votre profession, vous pouvez mettre Dieu au centre de vos activités. Dieu n'est pas aveugle. Il verra et vous récompensera parce que vous L'aimez.

Le psaume 91 nous dit que parce que vous aimez Dieu, Il se souviendra de vous dans vos temps de détresse. Il vous élèvera et vous établira. Mettez Jésus au centre de votre vie et vous jouirez des bienfaits de l'Éternel.

Chapitre 12

L'art de suivre Salomon

1. L'ART DE SUIVRE SALOMON EST L'ART DE COMMENCER À CONSTRUIRE UNE ÉGLISE MAINTENANT MAINTENANT MAINTENANT

L'événement le plus notable du ministère de Salomon fut la construction du temple. Jusqu'à aujourd'hui, vous entendez toujours l'expression « le temple de Salomon ». Salomon fut celui qui construisit un beau temple pour le Seigneur. Il n'y avait aucun temple comparable à celui qu'il construisit. Son père David ne pouvait pas construire le temple à cause des nombreuses guerres qu'il combattait. **Il n'est pas possible de construire quoi que ce soit, à moins d'avoir la paix et la stabilité.**

Remarquez les pays dans le monde soi-disant développé. Pensez-vous que vous pourriez entendre aux nouvelles que le premier ministre de Grande-Bretagne, M. Tony Blair a été renversé par un coup d'état ? Pensez-vous que vous pourriez entendre qu'un caporal a arrêté M. Tony Blair et l'a mis en résidence surveillée ?

Pensez-vous que vous pourriez entendre que le président George Bush a été renversé par un sergent de l'armée et mis en prison ? C'est très peu probable. La stabilité et la paix dont les nations occidentales jouissent les aident à construire leurs villes et à se développer dans la prospérité.

Béni dans sa vieillesse

L'un des secrets pour prolonger vos jours sur cette terre est d'être impliqué dans la construction de la maison de Dieu. Il y a quelques années, j'ai remarqué un homme qui était vraiment béni de Dieu. L'homme avait vécu à un âge avancé et avait beaucoup d'enfants et de petits-enfants. Dans sa vieillesse, il était riche et en bonne santé. La plupart des gens à cet âge seraient fauchés ! La plupart des gens que je connais dans ce groupe d'âge dépendent de leurs enfants pour survivre. Mais cet homme ne dépendait pas de ses enfants du tout. Certains de ses enfants dépendaient plutôt de lui.

J'ai demandé au Seigneur : « Pourquoi cet homme est-il béni ? » Le Seigneur me montra que cet homme était très impliqué dans la construction de l'église. C'est quelqu'un qui avait dépensé une bonne partie de son argent personnel pour la construction de l'église.

L'Esprit de Dieu me murmura : **« Les gens qui s'ont impliqué dans la construction de l'église, que ce soit spirituellement ou physiquement, ont une grâce spéciale sur leur vie ».**

Vous souvenez-vous du centurion qui avait besoin d'un miracle pour son serviteur ? Les gens dirent à Jésus que l'homme méritait un miracle, parce qu'il leur avait construit une synagogue.

> Ils arrivèrent auprès de Jésus, et lui adressèrent d'instantes supplications, disant : IL MÉRITE que tu lui accordes cela ; car il aime notre nation, et C'EST LUI QUI A BÂTI NOTRE SYNAGOGUE.
>
> Luc 7,4-5

Ils dirent : « Cet homme le mérite parce ce que c'est lui qui a bâti notre synagogue ».

Les bonnes choses de Jésus étaient sur le point d'abonder dans la vie de cet homme parce qu'il avait construit une église.

Il y a des années, j'ai entendu un grand homme de Dieu donner un sermon lors de la cérémonie d'inauguration des travaux d'une église de ma ville. Cet homme de Dieu fit une déclaration que je n'oublierai jamais. Il dit à la congrégation : **« Construisez la maison de Dieu, et Dieu vous construira une maison ».** Je n'ai jamais oublié ces mots. Construisez une maison de stabilité et de sécurité pour le peuple de Dieu, et Dieu sécurisera votre habitation.

Ils verrouillèrent les portes

Quand une église ne dispose pas de bâtiment, elle est fortement limitée dans le ministère. Vous obtiendrez de la sécurité pour votre vie si vous apporter de la sécurité à l'église. Quand notre église se rassemblait dans une cantine, nous étions sans cesse harcelés par les autorités. Parfois, immédiatement après le service, je recevais une lettre disant : « Vous devez rencontrer les autorités de l'école médicale du Ghana lundi matin à huit heures précises ».

Un jour, nous sommes arrivés à l'église et l'agent de sécurité a décidé de verrouiller les portes et de nous empêcher d'entrer dans le bâtiment. Nous avons dû avoir notre service d'église en dehors de la cantine. Nous étions à la merci des méchants et des gens déraisonnables. Lorsque vous fournirez à l'église de Dieu sécurité, stabilité et sûreté, Dieu deviendra votre refuge.

Dieu vous bâtira une maison et vous donnera la sécurité. Ceux qui participent à la construction du temple de Dieu sont bénis. Je suis toujours reconnaissant pour les gens que Dieu m'a donnés pour m'aider à construire notre église. Nous aurions probablement disparu dans l'obscurité si nous n'avions pas eu notre bâtiment d'église. A l'heure actuelle, nous serions cachés dans une salle de classe quelque part.

J'ai vu des gens donner les économies de toutes leurs vies et leurs salaires entiers à l'œuvre de Dieu. J'ai aussi vu Dieu bénir chacune et chacun d'entre eux. Aujourd'hui, certains ne veulent donner que quelques pièces de monnaie pour un projet d'église. Ils ne savent pas ce qu'ils manquent. Ceux qui ont aidé à prolonger la vie de l'église auront leurs propres vies prolongées. **Ceux qui enrichissent une église récolteront la richesse dans leur vie.**

Aux temps bibliques, les gens donnaient des terres et des propriétés pour la construction de l'église et ils en étaient bénis. C'est l'une des clés du succès de Salomon. Il construisit une maison pour le Seigneur. Collez-vous à votre église et voyez le bâtiment de l'église fini et payé. Soutenez le projet jusqu'à ce qu'il soit entièrement payé ! Attachez-vous et investissez dans l'église spirituellement. Aidez à construire une plus grande église. Dieu vous récompensera quand vous construirez Sa maison.

Le jour viendra, dit le Seigneur, où vous ne partagerez plus une chambre avec six autres personnes. Vous vivrez dans votre propre maison. Le jour viendra, dit le Seigneur, où vous n'aurez plus à partager les toilettes avec quatorze étrangers que vous ne connaissez pas. Le jour viendra, dit le Seigneur, où je mettrai un toit au-dessus de votre tête et vous ne manquerez de rien.

Parce que moi, le Seigneur, je vais le faire. Tout sera ajouté, parce que vous avez cherché à construire mon royaume.

2. L'ART DE SUIVRE SALOMON EST L'ART DE CONTINUER DE CONSTRUIRE JUSQU'À VOTRE MORT.

J'exécutai de grands ouvrages : je me bâtis des maisons ; je me plantai des vignes ; je me fis des jardins et des vergers, et j'y plantai des arbres à fruit de toute espèce ; je me créai des étangs, pour arroser la forêt où croissaient les arbres.

Ecclésiaste 2,4-6

Le passage de l'Écriture ci-dessus nous montre que Salomon n'a pas construit une seule maison. Il construisit des maisons. Salomon a construit beaucoup d'autres choses au long de son illustre carrière. Je crois qu'il n'a jamais cessé de construire. Dans ses vieux jours, il a déploré la futilité des choses qu'il avait construites.

L'une des clés de sagesse pour la construction est de ne jamais cesser de construire. La construction et le développement continus des idées que Dieu vous donne est une clé pour devenir un constructeur à succès. Peu à peu, de grands projets sont lancés et achevés. Un jour, vous regarderez en arrière stupéfait des choses que vous avez construites dans votre vie.

3. L'ART DE SUIVRE SALOMON EST L'ART DE PRIER POUR LA SAGESSE PLUTÔT QUE POUR LES FRUITS DE LA SAGESSE.

Salomon avait un temps de prière et il demanda au Seigneur de lui donner un cœur intelligent pour discerner le bien du mal.

> **À Gabaon, l'Éternel apparut en songe à Salomon pendant la nuit, et Dieu lui dit : Demande ce que tu veux que je te donne (…). Accorde donc à ton serviteur un cœur intelligent pour juger ton peuple, pour discerner le bien du mal ! Car qui pourrait juger ton peuple, ce peuple si nombreux ?**
>
> **1 Rois 3,5.9**

La Bible nous enseigne que sa prière plut à Dieu. La Bible nous dit que Dieu dit : « Puisque tu ne demandes pour toi ni une longue vie, ni les richesses, mais l'intelligence je te donnerai la sagesse. De plus, je te bénirai de richesses fantastiques que tu n'as pas demandées ».

> **Voici, j'agirai selon ta parole. Je te donnerai un CŒUR SAGE ET INTELLIGENT (…). Je te donnerai, en outre, ce que tu n'as pas demandé, des RICHESSES ET DE LA GLOIRE…**
>
> **1 Rois 3,12-13**

Salomon eut la chance d'une vie. Il demanda à Dieu ce qu'il voulait. Le Seigneur fut impressionné par le désir de Salomon de chercher la sagesse pour pouvoir bien gouverner. Regardons les choses en face ! Combien d'entre nous cherchent vraiment la justice et la sagesse de Dieu ? La Bible dit dans Matthieu 6,33 : **« Cherchez premièrement le royaume et la justice de Dieu ; et toutes ces choses vous seront données par-dessus ».**

Il y a des laïcs qui me regardent et disent : « Oh, c'est bien pour vous d'être à temps plein dans le ministère ; vous venez d'une famille riche ».

« Vous n'avez rien à perdre », disent-ils. « Même si vous ne travaillez pas, votre père vous donnera de l'argent ».

Souvent je souris et ne dis rien. Je me rends compte que ces gens ne croient même pas que j'ai vraiment fait un choix entre les richesses séculaires et l'œuvre de Dieu. Je sais dans mon cœur que c'est le choix que j'ai fait. J'ai décidé de construire la maison de Dieu au lieu de ma propre vie. Si Dieu m'a béni à cause de cela, je ne m'excuse pas pour les bénédictions de Dieu. Je Lui rends gloire.

Je vous mets au défi de chercher la justice comme le fit Salomon. Cela peut sembler la voie la plus directe vers la prospérité et la richesse. Mais c'est la voie que Dieu a établie. Vous ne pouvez pas être plus sage que Dieu. Cherchez premièrement le royaume de Dieu et sa justice !

Décidez de vivre une vie sainte. Payez le prix et vivez pour Dieu. Quand vous prendrez votre croix pour le suivre, les anges du Ciel prendront note. Le royaume des Cieux reconnaitra que vous êtes sur la bonne voie. Vous serez récompensé avec les choses que tous les hommes cherchent. Elles seront ajoutées à votre vie. Vous connaitrez la prospérité sans courir après !

4. L'ART DE SUIVRE SALOMON EST L'ART DE CONSTRUIRE UNE MAISON POUR VOUS-MÊME.

L'un des secrets du succès dans cette vie est de décider de construire votre propre maison. Beaucoup pensent que seuls les gens extrêmement riches se construisent des maisons. Ce n'est pas vrai ! Salomon s'est construit une maison et je sais que cela a grandement contribué à son succès. Je conseille aux gens qui veulent prospérer de construire des maisons. Si vous voulez être millionnaire, je vous le dis : « Construisez une maison ». Si vous avez déjà une maison, je vous conseille d'en construire une autre.

La première instruction que je donne aux hommes d'affaires est la suivante : *construisez une maison et ne cessez jamais d'avoir des projets de construction pour le reste de votre vie.*

Salomon BÂTIT ENCORE SA MAISON, CE QUI DURA TREIZE ANS jusqu'à ce qu'il l'eût entièrement achevée.

1 Rois 7,1

Salomon était un homme très sage. L'une des choses que la sagesse lui fit faire fut de construire sa propre maison. Un constructeur est un homme sage.

Il existe deux types de personnes. Ceux qui accumulent les richesses et ceux qui dissipent la richesse. Lequel des deux serez-vous ? Ces deux groupes reçoivent un afflux d'argent et de richesses.

Un groupe accumule cette richesse avec sagesse en construisant des maisons et en investissant dans l'immobilier. Ce groupe n'est pas souvent impressionnant de l'extérieur. L'autre groupe dépense de la richesse, généralement en s'amusant. Ces gens-là impressionnent tout le monde en volant à travers le monde, en conduisant des voitures de luxe et en portant des vêtements de designer.

Quand tout est dit et fait, les constructeurs de maisons finissent souvent par être véritablement riches et capables de donner sans effort à tout digne projet. D'autre part, les « non-constructeurs » qui n'étaient pas prêts à sacrifier pour construire finissent souvent sans un sou.

N'oubliez pas ce petit secret. Soyez comme Salomon et construisez quelque chose pour vous. Un bâtiment ou une propriété est un type d'épargne. Il prend de la valeur chaque jour. Il représente l'accumulation de toutes vos richesses.

Il a fallu treize ans à Salomon pour construire sa propre maison. Beaucoup de gens sont pressés d'arriver au succès. Salomon était un homme déterminé. Il finit par terminer sa propre maison, après treize longues années.

La clé pour construire une maison est la sagesse.

C'EST PAR LA SAGESSE QU'UNE MAISON S'ÉLÈVE, et par l'intelligence qu'elle s'affermit :
Proverbes 24,3

Ne laissez pas le diable vous tromper en pensant que vous ne pouvez pas construire une maison. La sagesse est quelque chose que vous pouvez demander à Dieu.

SI QUELQU'UN D'ENTRE VOUS MANQUE DE SAGESSE, qu'il la DEMANDE À DIEU, qui donne à tous simplement et sans reproche, et elle lui sera donnée.
Jacques 1,5

Il existe deux types de personnes dans le monde, les constructeurs et les utilisateurs. Les constructeurs érigent et construisent des choses dans leur vie. Les utilisateurs profitent seulement des installations créés par d'autres.

Il existe deux types de pasteurs : les « pasteurs constructeurs » et les « pasteurs utilisateurs ». Les « pasteurs constructeurs » construisent des bâtiments d'église, des écoles, des hôpitaux, etc. Les « pasteurs utilisateurs » prêchent seulement à leurs congrégations, sans construire de chapelles pour le ministère.

Mgr Benson Idahosa était quelqu'un que j'avais admiré parce qu'il avait construit tant de structures pour le royaume. Décidez d'être un constructeur ! **Être un constructeur fait de vous une personne plus importante.** Au lieu d'utiliser tout votre argent pour impressionner les gens avec de nouvelles voitures, construisez une maison. Quand vous mourrez, vos vêtements et vos voitures seront peut-être dépassées, mais pas vos bâtiments ! La vie est plus que manger, boire et s'amuser - vous ne mourrez peut-être pas demain ! Vous vivrez peut-être de nombreuses années et vous aurez besoin de la richesse accumulée pendant vos meilleures années !

Une personne sage sacrifie pour construire quelque chose ! À quoi sert une centaine de costumes, de robes et de paires de chaussures ?

J'ai découvert qu'un individu choisit d'être soit un constructeur ou soit un utilisateur dans sa vie. J'ai décidé d'être quelqu'un qui construit. Ce n'est pas facile de construire. Cela exige du sacrifice et de l'engagement. C'est pourquoi beaucoup ne construisent ni ne possèdent rien, bien qu'ils puissent se le permettre. Il y a beaucoup de gens qui gagnent beaucoup d'argent, mais ils ne construisent rien. Beaucoup d'argent passe entre leurs mains. Un jour, ils diront : « Qu'est-ce que j'ai fait de tout cet argent ? »

Salomon construisit à la fois le temple et sa maison. Décidez de ne pas être locataire pour toujours. **Regardez autour de vous et vous remarquerez que ceux qui sont riches et établis à la fin de leur vie ont tous construit des maisons !**

5. L'ART DE SUIVRE SALOMON EST L'ART D'ÊTRE SPIRITUEL ET D'UTILISER VOTRE ESPRIT.

Saviez-vous que la différence entre les êtres humains et la plupart des animaux est la taille de leur cerveau ? C'est la taille du cerveau et l'utilisation de l'esprit qui distinguent les êtres humains des animaux. Ceux qui ont un esprit peuvent penser, raisonner et dominer. **Ceux qui utilisent leurs esprits dominent sur ceux qui ne le font pas.** Quelqu'un qui n'utilise pas son esprit n'est pas différent d'une personne qui n'en a pas !

Quand Dieu nous a créés, Il nous a bénis avec la capacité de penser et de raisonner. Quand vous êtes né de nouveau, cela ne veut pas dire que vous ne devez plus utiliser votre esprit. **Une erreur commune des chrétiens spirituels est qu'ils cessent d'utiliser leurs esprits !** Je suis quelqu'un de spirituel, mais je crois dans l'utilisation de mon esprit. Le fait que je sois né de nouveau ne veut pas dire que je ne pense plus.

Quand j'étais à l'école secondaire, la plupart des leaders de la Scripture Union ne réussissaient pas à leurs examens. C'était comme si quand vous devenez spirituel et priant, l'esprit a cessé de travailler. C'est une erreur. Il existe deux types de chrétiens : ceux qui utilisent leurs esprits et ceux dont les esprits sont en vacances !

Si vous devez traverser un grand axe routier, vous ne fermez pas vos yeux et dites : « Seigneur, quand j'entendrai ta voix, je commencerai à traverser ». C'est absurde ! Dieu attend que vous utilisiez vos yeux et votre esprit pour prendre la bonne décision. Si vous arrêtez d'utiliser votre esprit, vous insultez Dieu.

La capacité d'utiliser notre esprit est ce qui nous rend différents des animaux. La raison pour laquelle nous pouvons attraper les lions et les mettre en cages est que nous avons un esprit supérieur. La raison pour laquelle nous pouvons piéger les serpents venimeux et les tigres sauvages est que notre esprit nous permet de dominer ces animaux.

Utiliser votre esprit vous donnera de l'avantage dans la vie. Tirer pleinement parti de vos capacités intellectuelles vous donnera de l'avantage dans cette vie. Il a été prouvé que tous les groupes ethniques de la race humaine ont des cerveaux de taille égale et sont également capables. **Cela veut dire que tous les êtres humains sont égaux dans leur capacité de réflexion et d'intelligence.** C'est pourquoi il y a des chirurgiens cardiaques blancs et noirs également capables. C'est pourquoi il y a des pilotes de ligne et des scientifiques tout autant capables dans toutes les nations.

Mais c'est un fait historique que certaines races ont gagné la supériorité sur les autres. Certains pays en ont même capturé et dominé d'autres pendant des années. Aujourd'hui, dans un monde très civilisé, de nombreux pays sont économiquement asservis à d'autres nations. Le monde est constitué de nations riches et opulentes qui gouvernent et dominent les nations pauvres et sous-développées.

Le penseur contrôle celui qui ne pense pas

J'ai constaté que quand un groupe de gens devient trop émotif et spirituel, ils n'utilisent souvent pas pleinement leurs esprits. Ceux qui utilisent leur esprit totalement dominent généralement ceux qui ne le font pas. **Vous contrôlez une personne quand vous pensez plus qu'elle.** N'avez-vous pas remarqué que les hommes calculent et sont souvent plus logiques que les femmes ? Les femmes sont souvent plus émotionnelles que rationnelles. N'est-il pas vrai que, généralement parlant, les hommes dominent les femmes ? Je crois dans la prière. Je crois dans le jeûne. Je crois dans l'Esprit Saint et le surnaturel. Cela ne me fait pas fermer mon esprit.

6. L'ART DE SUIVRE SALOMON EST L'ART DE CHERCHER LA SAGESSE, LA CONNAISSANCE ET L'INTELLIGENCE.

Salomon demanda la sagesse. Il avait l'intention d'utiliser son esprit ! La Bible nous enseigne que la sagesse va nous promouvoir. La Bible nous dit que la sagesse nous amènera à une fin honorable. La Bible dit de tout faire pour acquérir la sagesse.

Voici le commencement de la sagesse : Acquiers la sagesse, et avec tout ce que tu possèdes acquiers l'intelligence. Exalte-la, et elle t'élèvera ; elle fera ta gloire, si tu l'embrasses.

Proverbes 4,7-8

Ceux qui ont utilisé l'esprit que Dieu leur a donné dominent ceux qui n'ont pas utilisé le don de l'esprit. Certains utilisent leur cerveau pour inventer des avions, des voitures et des bateaux. Ceux qui inventent les avions sont les pays riches. Ceux qui se contentent d'acheter et d'utiliser ces choses ne sont pas aussi riches. Ceux qui ont fait les grandes inventions dominent les autres.

L'Amérique domine dans beaucoup de domaines. Il y a très peu d'inventions, en allant de voitures, d'ordinateurs et de vaisseaux spatiaux, qui ne viennent pas du monde occidental. Dans de nombreux pays on utilise le dollar américain comme critère financier pour les transactions. Au contraire, les monnaies africaines ne sont pratiquement pas utilisées ailleurs dans le monde.

Le Dieu de la lagune dit « Non ! »

De nombreuses fois, le développement et le progrès dans les pays sous-développés sont étouffés par des raisons émotionnelles et spirituelles. Quand on devrait développer une lagune en une station touristique, les gens s'y opposent au nom de raisons spirituelles.

Le dieu de la lagune n'aime pas être dérangé. Le dieu de la lagune dit : « Non », et donc il n'y aura pas de développement. Lorsque les investisseurs étrangers viennent pour développer certaines parties du pays, les ancêtres (les morts) n'aiment pas cela, parce que leur lieu de repos est perturbé et ils invoqueront des malédictions.

Un jour, j'ai visité un beau lac en Afrique. Les gens vivant près de ce lac utilisaient des rondins, au lieu de bateaux, pour traverser le lac. Apparemment, les dieux n'aiment pas certains types de bateaux sur le lac ! Je regardais les gens pagayer sur les rondins, et je me demandais si on était à l'âge de pierre ou au vingtième siècle.

J'étais étonné de découvrir à quel point les êtres humains de retour peuvent être arriérés quand ils ne permettent pas à l'esprit de fonctionner d'une façon logique, sagace, éclairée et rationnelle. Quand nous laissons des facteurs émotionnels et spirituels nous conduire au détriment du sens commun, nous pouvons nous attendre à rien d'autre qu'à une vie difficile.

Dieu nous a donné le don de l'esprit. Il nous a aussi donné des émotions et une âme. Vous êtes censé utiliser tous ces composants de votre être.

En voyageant autour du monde, vous vous rendrez compte d'une chose : les gens instruits sont en charge partout. L'éducation développe l'esprit. Ceux qui sont instruits sont ceux qui ont développé l'un des plus grands dons de Dieu à l'homme : l'esprit.

L'esprit humain est plus compliqué que n'importe quel ordinateur. Il s'agit d'un don surnaturel de Dieu. Il attend de nous que nous pensions et raisonnions. Dieu attend de nous que nous nous développions et utilisions ce grand don de l'esprit ! La Bible dit que le sage voit le mal à l'avance et s'en garde, mais le simple passe et est puni. La simplicité ne peut pas nous aider dans cette époque moderne.

Je regarde parfois des équipes de football africaines. Ils amènent des féticheurs et des Jujus sur les terrains de football pour être surs de gagner les matches. Certains gardiens de but placent des charmes spéciaux dans la cage de but pour empêcher le ballon d'y entrer. Pendant la mi-temps, le « Juju » donne des assurances, chante et jette des sorts et des charmes sur les joueurs.

Pendant ce temps, leurs contreparties occidentales et européennes, dans leur vestiaire, reçoivent des perfusions intraveineuses scientifiquement formulées. Ils améliorent leur performance par des moyens scientifiques.

Cela vous étonne-t-il que ceux qui utilisent ces méthodes scientifiques aient des résultats plus cohérents et favorables ?

Combien d'équipes africaines ont même participé à la finale de la Coupe du Monde ?

Quelle équipe africaine a jamais gagné la Coupe du Monde, en dépit de tous les fétiches et charmes invoqués ?

Et j'ai dit : LA SAGESSE VAUT MIEUX QUE LA FORCE. Cependant la sagesse du pauvre est méprisée, et ses paroles ne sont pas écoutées.
Ecclésiaste 9,16

La Bible enseigne que la sagesse vaut mieux que la force. Vous pouvez avoir beaucoup de force brute comme un lion. Toutefois, celui qui utilise son esprit va vous dominer. La Bible dit : « La sagesse vaut mieux que la force ». Quand vous arrêtez de vous servir de votre esprit, vous vous abaissez. Les gens qui utilisent leur esprit règneront sur vous et vous domineront. **Même si vous êtes très spirituel, votre esprit est un don de Dieu et vous devez l'utiliser !**

La culture est une bonne chose ! Mais quand elle va à l'encontre de toutes les formes de progrès, nous devons nous demander si cette tradition ne devrait pas être abolie. Un pays comme le Japon est dit avoir plus de six millions de dieux. Cependant, il me semble que les dieux du Japon ne se sont pas opposés au développement sain et rationnel de leur pays. En fait, je ne serais pas surpris si les dieux du Japon encourageaient le développement ! Je ne suis pas contre la culture et la tradition. Mais je suis contre la pauvreté, le retard et le manque d'éducation. Je suis sûr que c'est la même chose pour vous.

Si vous voulez vous marier, vous devez utiliser votre esprit. Vous ne pouvez pas dire juste que l'Esprit vous conduit au mariage. Bien sûr, vous devez suivre l'inspiration de l'Esprit, mais on s'attend à ce que vous vous serviez de votre esprit. Quels sont les antécédents de votre future épouse ? La connaissez-vous vraiment ?

> **Voici le commencement de la sagesse : Acquiers la sagesse, et avec tout ce que tu possèdes acquiers l'intelligence. Exalte-la, et elle t'élèvera ; elle fera ta gloire, si tu l'embrasses.**
>
> Proverbes 4,7-8

La sagesse de Dieu

Certaines églises pentecôtistes ne sont pas respectées, parce qu'elles sont tellement spirituelles qu'elles n'investissent pas leur esprit dans des décisions importantes. **Les finances de l'église ne sont pas gérées en utilisant l'huile d'onction. Elles sont administrées à l'aide de sains principes comptables financiers.** Un pasteur peut être très oint par des miracles, mais quand il s'agit de questions de terre, de loi, de propriété et de finances, l'esprit et l'éducation doivent entrer en jeu.

Saviez-vous que Salomon n'avait pas autant de force militaire que son père David ? David était un combattant et connu pour gagner les guerres. Mais regardez Salomon. Il eut plus de paix que son père. **Comment Salomon s'est-il établi dans la paix et la stabilité ?** Il s'est juste fait des amis de tous ses voisins et avait de nombreux alliés. Salomon eu beaucoup plus de paix en son temps que son père David. *La sagesse s'est une fois de plus démontré être mieux que la force.*

> **Salomon s'allia par mariage avec Pharaon, roi d'Égypte...**
>
> 1 Rois 3,1

> **L'Éternel donna de la sagesse à Salomon, comme il le lui avait promis. Et il y eut paix entre Hiram et Salomon, et ils firent alliance ensemble.**
>
> **1 Rois 5,12**

Dans le passage ci-dessus, Salomon se servit de la sagesse de Dieu pour gouverner la nation. Il développa une stabilité interne en utilisant la sagesse de Dieu. L'utilisation de son esprit lui donna la victoire. Il devint même plus célèbre que son père David.

Le nom de l'Église est souvent traîné dans la boue. Je crois en la délivrance. Je crois en la puissance de la guérison. Je crois aux miracles. Mais je crois aussi à l'usage de la sagesse de Dieu. Je crois que les pasteurs doivent être bien éduqués pour être de bons ministres de l'Évangile. La sagesse est toujours la chose principale, et nous devons utiliser notre esprit si nous voulons vraiment suivre Salomon.

Parents, poussez vos enfants le plus loin possible dans l'éducation. Ils vous remercieront un jour parce que vous les avez aidés à développer leur esprit.

Je crois très fermement en la puissance de l'Esprit Saint. Je crois en l'onction. Si vous deviez visiter un de nos services de miracles, vous verriez la puissance de Dieu à l'œuvre. Nous avons un flot de l'Esprit de Dieu et nous faisons l'expérience de toutes sortes de manifestations. Les gens tombent sous Son pouvoir, les gens rient et pleurent dans l'Esprit Saint.

Beaucoup de gens tremblent et frémissent sous l'onction et la puissance de l'Esprit. Parfois, des parties entières de la congrégation sont touchées par l'Esprit alors que la puissance de Dieu se déplace comme une onde parmi elles. Je parle en langues plus que je parle anglais. Je passe des heures de veille avec le Seigneur dans la prière et le jeûne. Cependant, rien de tout cela ne m'a fait prendre congé de mon esprit. Mon esprit m'a été donné par Dieu et j'ai l'intention de l'utiliser.

Mon esprit a besoin d'être vigilant pour prendre des décisions importantes qui concernent l'administration et le bon fonctionnement de mon ministère. J'ai entendu l'Esprit Saint parler à mon cœur de nombreuses fois. Je crois en ce qu'Il me dit et je Lui obéis. Mais mon esprit est toujours en état d'alerte et actif. J'essaie de comprendre et de raisonner tous les commandements que le Seigneur me donne.

La plupart des chrétiens sont tellement émotionnels ou spirituels qu'ils ne se servent pas de leurs esprits. D'autres sont tellement logiques et rationnels que l'Esprit de Dieu ne peut pas s'installer dans leur vie et leurs églises. **La clé ici est de trouver l'équilibre entre l'Esprit et la sagesse.**

Telle est la volonté de Dieu. Chaque leader chrétien doit apprendre à trouver un équilibre entre la puissance et la sagesse.

> **Mais pour ceux qui sont appelés, tant Juifs que Grecs, CHRIST la PUISSANCE de Dieu et la SAGESSE DE DIEU.**
>
> **1 Corinthiens 1,24 (KJF)**

J'ai mis en relief les mots *Christ, Puissance* et *Sagesse*. C'est ce que je veux vous faire comprendre quand vous lisez ce livre. Jésus Christ n'est pas seulement puissance pour nous. Il est puissance et sagesse. Quand vous pouvez efficacement combiner la puissance et la sagesse, vous suivez alors vraiment Salomon.

7. L'ART DE SUIVRE SALOMON EST L'ART DE VOUS SOUVENIR DES PAROLES DE VOTRE PÈRE.

L'un des secrets de Salomon fut d'obéir aux instructions de son père. Le roi David, père de Salomon, lui laissa plusieurs instructions importantes alors qu'il agonisait sur son lit de mort. Salomon obéit à toutes des instructions !

> **Enfants, OBÉISSEZ À VOS PARENTS, selon le Seigneur, car cela est juste. Honore ton père et ta mère, c'est le premier commandement avec une promesse, afin que tu sois heureux et que tu vives longtemps sur la terre.**
>
> **Éphésiens 6,1-3**

Si vous obéissez à votre père, tout ira bien pour vous. Si vous n'obéissez pas à votre père et à votre mère, vous aurez des problèmes ! C'est aussi simple que cela ! La royauté de Salomon fut établie parce qu'il prit les paroles de son père au sérieux et obéit à chaque instruction à la lettre. Salomon ne serait jamais devenu ce qu'il est devenu s'il avait ignoré les instructions de son père.

Différents types de pères

Dieu donne à chaque être humain un certain nombre de pères. Vous pouvez avoir un père selon la chair, qui est votre père biologique. Vous pouvez aussi avoir un beau-père, le père de votre conjoint. Votre beau-père peut être une bénédiction pour vous si c'est une bonne personne. Moïse fut énormément béni par son beau-père Jéthro.

Vous pouvez avoir un père spirituel, quelqu'un qui vous a conduit au Christ et qui vous a établi dans le Seigneur. Un autre type important de père est un père dans le ministère. C'est quelqu'un qui vous élève et vous aide à vous établir dans le ministère. Tous ces types de pères sont importants pour nous.

Il est important de comprendre le principe d'honorer les pères et les mères. De nombreux leaders d'églises sont tombés dans un abîme spirituel en violant ces simples principes. Certains ministres disparaissent dans l'oubli parce qu'ils déshonorent les pères qui ont été établis dans le pays.

Avant de mourir, le roi David appela son fils Salomon à son chevet et lui donna des instructions. Alors que Salomon regardait son père mourant, des réflexions ont peut-être traversé son esprit. L'homme couché sur le lit était quelqu'un qui avait fait beaucoup d'erreurs dans sa vie. Il avait commis l'adultère avec Bethsabée et avait déshonoré la nation. Il avait assassiné l'un de ses propres soldats. Les enfants de David avaient été impliqués mutuellement dans le viol et l'assassinat les uns des autres.

Dans ses derniers jours, David n'avait pas pu garder sa famille unie. C'est ce même père malade qui donnait des instructions à Salomon. Salomon obéit à son père ! En raison de cette obéissance, Salomon prospéra au point où l'argent devint comme des pierres pour lui.

8. L'ART DE SUIVRE SALOMON EST L'ART D'ÊTRE UN LEADER FORT.

Salomon reçut le conseil *d'être fort* et de se comporter comme *un homme*. Le leadership des faibles et des mous n'accomplit pas grand-chose. Il y a de nombreuses années, j'ai entendu Yonghi Cho (le pasteur de la plus grande église au monde) dire qu'une grande église a généralement un leader fort. Dieu cherche des leaders forts qu'Il peut oindre et élever pour faire de grandes œuvres.

Je m'en vais par le chemin de toute la terre. FORTIFIE-TOI, et sois un homme ;

1 Rois 2,2

Parce que je suis leader, je comprends l'importance de cette instruction. Sans force, vous ne pouvez pas être un bon leader. Une église a besoin d'un leader fort pour la faire avancer. La démocratie et les comités ne sont pas utiles quand vous avez besoin d'un leadership fort.

Salomon alla de l'avant et élimina son frère Adonija qui avait essayé plus tôt de s'emparer de son trône. Le premier acte de force de Salomon fut d'éliminer tous les traîtres possibles et les éléments méchants qui l'entouraient.

9. L'ART DE SUIVRE SALOMON EST L'ART DE SE DÉBARRASSER DES GENS DÉLOYAUX À LA PREMIÈRE OCCASION.

Salomon se débarrassa des gens déloyaux parce que son père le lui demanda. L'acte d'éliminer Joab fut une combinaison de la sagesse d'éliminer la déloyauté et d'obéir à un père.

Certains sont trop faibles pour se débarrasser de l'homme mauvais et déloyal. Vous devez vous débarrasser de cette mauvaise fille. Elle ne devrait pas être là. Tant que certaines personnes font partie de votre vie, vous ne prospérerez pas. Les tentations viennent par les gens. Elles ne volent pas dans le vide. Si vous ne vous débarrassez pas de certaines personnes dans votre vie, vous aurez d'innombrables problèmes.

Vous avez besoin de force pour obéir à la voix du Seigneur. Quand Dieu m'a dit d'être pasteur, il m'a fallu beaucoup de force pour aller de l'avant dans la volonté de Dieu. Personne ne m'a soutenu ou aidé. Quand j'ai commencé dans le ministère, je me suis retrouvé entouré de gens qui ne croyaient pas en moi.

J'ai dû me débarrasser des moqueurs dans ma vie et c'est exactement ce que j'ai fait !

Je me souviens dire à un homme : « À partir d'aujourd'hui, vous ne faites plus partie de cette église ». Je poursuivis : « Ne revenez plus dans cette église. Vos services ne sont pas nécessaires ! »

Ce frère fut pris de court ; il voulait rester dans l'église. Il voulait continuer à me trahir. Je savais qu'il était déloyal envers moi, alors j'ai décidé de me débarrasser de lui. Ce n'était pas une décision facile de dire à un ami : « *Va t'en et ne reviens plus !* » Mais c'était une étape très nécessaire pour ma propre survie. Personne ne peut prospérer si des moqueurs déloyaux l'entourent. Vous avez besoin d'un environnement d'encouragement et de paix.

Débarrassez-vous de Joab !

David dit à Salomon de se débarrasser des gens déloyaux comme Joab. Joab était quelqu'un qui avait désobéi à David à plusieurs reprises. David demanda à Salomon d'éliminer Joab.

> **…tu ne laisseras pas ses cheveux blancs descendre en paix dans le séjour des morts.**
>
> **1 Rois 2,6**

Lorsque l'occasion se présenta, Salomon exécuta Joab. David demanda aussi à Salomon de faire face à Schimeï.

> **…tu as près de toi Schimeï (…), tu ne le laisseras pas impuni**
>
> **1 Rois 2,8-9**

Schimeï maudit le Roi David quand il fuyait devant son fils Absalom. Salomon lui fit aussi face. **La vie est trop courte pour ne pas apprendre de vos pères.** Vous devez croire ce qu'ils vous disent. Salomon n'a pas gâché sa vie en découvrant quel mal lui viendrait par Joab et Schimeï. Il crut juste à ce que son père lui dit et les exécuta.

Vous remarquerez qu'après que Salomon ait observé les instructions de son père, le royaume d'Israël se trouva affermi sous son règne.

LA ROYAUTÉ FUT AINSI AFFERMIE entre les mains de Salomon.

1 Rois 2,46

Bien que Salomon pensait qu'il ne faisait qu'obéir aux instructions de son père, il stabilisait en fait la nation sans même le savoir ! Respectez les instructions de votre père, même lorsque vous ne les comprenez pas. Sans le savoir, vous apporterez une bénédiction sur votre vie.

Une douce bénédiction spirituelle suit un homme qui honore un père. Une merveilleuse bénédiction spirituelle suit un homme qui se débarrasse de la déloyauté. On ne peut pas expliquer cela logiquement. C'est une loi spirituelle qui a été mise en place il y a des milliers d'années. Prenez ces secrets et appliquez-les à votre vie. Suivez Salomon dans la richesse et le succès incroyables !

Chapitre 13

L'art de suivre Néhémie

1. L'ART DE SUIVRE NÉHÉMIE EST L'ART DE SE SOUCIER DE LA MAISON ET DU PEUPLE DE DIEU.

Paroles de Néhémie, fils de Hacalia. Au mois de Kisleu, la vingtième année, comme j'étais à Suse, dans la capitale, Hanani, l'un de mes frères, et quelques hommes arrivèrent de Juda. JE LES QUESTIONNAI AU SUJET DES JUIFS réchappés qui étaient restés de la captivité, ET AU SUJET DE JÉRUSALEM.

Ils me répondirent : Ceux qui sont restés de la captivité sont là dans la province, au comble du malheur et de l'opprobre ; les murailles de Jérusalem sont en ruines, et ses portes sont consumées par le feu.
LORSQUE J'ENTENDIS CES CHOSES, JE M'ASSIS, JE PLEURAI, et je fus plusieurs jours dans la désolation. Je jeûnai et je priai devant le Dieu des cieux,

Néhémie 1,1-4

Un jour, j'ai lu un livre qui montrait une vision de Jésus durant Son temps sur terre. J'étais triste de lire le discours dans lequel un ange dit que la plupart des hommes ne s'intéressaient pas à Dieu.

Les hommes s'intéressent-ils à Dieu ? Franchement, mon expérience de pasteur me conduit à penser que les gens ne s'intéressent pas vraiment à Dieu. Je trouve que la plupart des gens qui viennent à l'église le dimanche matin s'intéressent à eux-mêmes et à leur propre prospérité. Ils veulent avoir de bonnes familles, de belles voitures, de belles maisons et un bel avenir.

La plupart ne se soucient pas de l'église et de son bien-être. La plupart des gens donnent la dîme et des offrandes quand ils y pensent ou quand ils sentent qu'ils en profiteront d'une manière ou d'une autre. C'est triste, et cela me rend impuissant et déprimé.

Mais Néhémie était différent. Néhémie se souciait de l'église et du peuple de Dieu. Il se souciait de Jérusalem et de son bien-être. Il habitait dans le palais du roi et avait un bon emploi. D'une certaine façon, c'était une personne sûre et bénie n'ayant besoin de rien. Et pourtant, il se souciait de la maison de Dieu.

Un jour, on demanda à un homme riche pourquoi il allait fidèlement à l'église. « De quoi avez-vous besoin ? » lui demandèrent-ils.

« Pourquoi allez-vous à l'église ? Quels problèmes avez-vous ? Pour quoi priez-vous et qu'est-ce qui vous fait aller à l'église ? »

Selon eux, les gens n'allaient à l'église que quand ils avaient des problèmes.

Écoutez-moi, cher ami : l'une des clés maîtresses pour devenir une personne qui réussit est de se soucier de la maison de Dieu et de son bien-être. Souciez-vous de la construction de l'église ! Souciez-vous des finances de l'église ! Souciez-vous des membres de l'église ! C'est la caractéristique principale de Néhémie et c'est ce qui le rendit différent de tous les autres que nous lisons à propos dans la Bible.

2. L'ART DE SUIVRE NÉHÉMIE EST DE CROIRE QUE « VOUS POUVEZ L'AVOIR SI VOUS LE BATISSEZ ».

> Et je leur fis cette réponse : Le Dieu des cieux nous donnera le succès. NOUS, SES SERVITEURS, NOUS NOUS LÈVERONS ET NOUS BÂTIRONS ; mais vous, vous n'avez ni part, ni droit, ni souvenir dans Jérusalem.
>
> Néhémie 2,20

Vous pouvez l'avoir si vous le bâtissez ! Telle est la philosophie de chaque constructeur. Vous pouvez l'avoir si vous le bâtissez ! Les constructeurs sont un groupe unique de gens créateurs de richesse. Voyagez dans le monde et vous verrez comment ceux qui créent de la richesse ont construit leurs villes et leurs pays. Les gens qui ont tendance à être pauvre ne construisent rien, même quand ils le pourraient ! La Bible enseigne qu'une maison se construit avec de la sagesse et non pas de l'argent. Ceux qui ne construisent pas ont mille raisons pour lesquelles ils ne peuvent pas construire et ne construisent rien.

Vous devez décider de devenir quelqu'un qui construit quelque chose sur cette terre. Mon beau-père m'a beaucoup inspiré à devenir un constructeur. Je l'ai rencontré quand il avait la soixantaine. J'ai trouvé un homme qui avait construit beaucoup de choses dans le passé et qui continua de construire jusqu'à ses quatre-vingt dix ans. Il dit un jour : « Une maison se construit avec de la sagesse et non pas de l'argent ». C'est la grande vérité biblique et mystérieuse que les constructeurs découvrent en bâtissant. Après avoir été impliqué dans de nombreux projets de construction, je suis arrivé à la même conclusion que « la construction » se fait avec la sagesse et pas vraiment de l'argent.

Un constructeur expérimenté arrive toujours à cette conclusion : les nations, églises et individus qui n'ont construit rien manquent d'un certain type de sagesse et c'est pourquoi ils n'ont rien construit.

Décidez de devenir un constructeur et de construire quelque chose pour Dieu. Vous pouvez l'avoir si vous le bâtissez !

3. L'ART DE SUIVRE NÉHÉMIE EST L'ART DE DEVENIR UN MAÎTRE DU LANGAGE CORPOREL.

Le roi me dit : POURQUOI AS-TU MAUVAIS VISAGE ?
Tu n'es pourtant pas malade ; ce ne peut être qu'un chagrin de cœur,

Néhémie 2,2

On dit que soixante pour cent de la communication est non verbale. Un leader doit être un maître de la communication non-verbale. Partout où se trouve le diable, vous aurez des déceptions et des fausses présentations. Pour surmonter le diable dans votre vie et votre ministère, vous devrez surmonter les images fausses et mensongères qui vous sont présentées chaque jour. Vous pouvez à peine faire confiance à un discours que vous entendez à la télévision, parce que vous savez que ce sont des paroles manigancées, « politiquement correctes » et dénuées de sens.

Un leader doit être comme un juge. Pourquoi ? À quoi ressemblent les juges ? Un juge est quelqu'un qui déclare que vous êtes coupable en se fondant sur des preuves. Un juge ne se fiera pas sur ce que vous dites sur vous-même, mais à la preuve qui lui est présentée. Vous déclarer coupable ou non coupable est presque sans valeur devant les tribunaux. D'une certaine manière, la valeur des mots a été tellement compromise qu'elle ne porte plus de poids. À la lumière de cela, *un bon leader doit aller au-delà de la communication verbale et devenir un maître de la communication non verbale.*

Néhémie a communiqué son fardeau au roi sans dire un mot. Il fit voir au roi qu'il était malheureux. Il a ainsi impliqué le roi dans la reconstruction de Jérusalem. Tout bon leader doit se rendre compte quand quelqu'un lui communique quelque chose. Vous devez accepter qu'une grande partie de la communication d'un autre est son langage corporel.

Les gens qui ne parlent pas du tout, qui ne font pas de commentaires, qui ne disent plus rien sur quoi que ce soit, communiquent souvent leur désapprobation silencieuse de vous et de vos façons de faire.

Un jour, je songeais à deux pasteurs différents qui ont quitté notre église en révolte. Ces deux personnes vivaient dans des parties opposées du monde, mais avaient exactement le même langage corporel. *C'était le langage de visage sans grâce et de silence inexpressif* sur presque toutes les questions soulevées. Ce genre de langage corporel doit alerter tous les leaders de motifs sinistres. Ceux qui donnent ce genre de message réussissent rarement.

Le langage corporel de Néhémie était tout ce qui était nécessaire pour communiquer un problème grave au roi. Il n'a rien dit en fait au roi, mais le roi a bien compris le message.

4. L'ART DE SUIVRE NÉHÉMIE EST L'ART D'AVOIR UNE BONNE ATTITUDE.

Au mois de Nisan, la vingtième année du roi Artaxerxès, comme le vin était devant lui, je pris le vin et je l'offris au roi. JAMAIS JE N'AVAIS PARU TRISTE EN SA PRÉSENCE.

Néhémie 2,1

Quand l'attitude de Néhémie changea, le roi l'a remarqua immédiatement. Néhémie était quelqu'un qui avait constamment une bonne attitude au travail. Son visage était lumineux, il était gai et heureux au travail. Le roi n'était pas habitué à une mauvaise humeur et un visage boudeur. Le changement dans le visage enthousiaste et joyeux de Néhémie était si remarquable qu'il déclencha une réaction en chaîne.

Personne ne veut avoir quelqu'un de malheureux et malchanceux autour de lui.

Tout le monde veut avoir quelqu'un de joyeux et encourageant à ses côtés. La plupart des leaders sont seuls et découragés. Ils perçoivent constamment le danger et les faux-semblants. Quelle joie d'avoir quelqu'un de positif et heureux autour de vous !

Tout comme les bonnes apparences sont importantes et jouent un grand rôle dans le succès d'une personne, de même votre attitude positive et votre visage joueront également en votre faveur. Un visage souriant et heureux est quelque chose pour lequel beaucoup de gens paieraient pour avoir.

5. L'ART DE SUIVRE NÉHÉMIE EST L'ART DE BATIR LA MAISON DE DIEU MALGRÉ LES ACCUSATIONS.

Sanballat, le Horonite, Tobija, le serviteur ammonite, et Guéschem, l'Arabe, en ayant été informés, se moquèrent de nous et nous méprisèrent. Ils dirent : Que faites-vous là ? VOUS RÉVOLTEZ-VOUS CONTRE LE ROI ?

Néhémie 2,19

Les accusations sont la récompense que vous devez attendre pour vos bonnes œuvres. Les accusations sont les « remerciements » qui sont prodigués à ceux qui se sont pliés en quatre pour aider et aimer. Les accusations portées contre Néhémie aurait arrêté *une personne moindre* mais pas Néhémie.

Être arrêté par des accusations portées contre vous, c'est démontrer que vous êtes une moindre espèce de ministre. Être arrêté par des accusations, c'est révéler que vous n'êtes pas assez fort, et que vous n'avez pas la résistance et la ténacité requises pour remplir votre vocation.

John Wesley fut accusé tout au long de sa vie. Il démontra qu'il était fait de quelque chose de plus fort et de plus dur que ces accusations. Je me souviens toujours d'une déclaration que quelqu'un fit sur John Wesley, et je veux vous la partager. Il dit : « Une 'personne moindre' aurait été arrêtée et chassée du ministère ». J'ai toujours pensé à cette expression (« une personne moindre »). Que voulait-il dire par une « personne moindre » ?

Si cette affirmation est vraie, il y a des gens plus forts et plus tenaces dans le ministère et il y a des personnes plus faibles et moindres dans le ministère ! Une « personne moindre » a moins de caractère, de force, de résolution, de résistance et de détermination pour répondre à son appel contre toute attente. Une personne moindre considère les difficultés comme un signe qu'elle doit abandonner.

Pourquoi ne pas décider d'être quelqu'un de plus grand et de plus fort ! Pourquoi être une lumière moindre quand vous pouvez être une plus grande lumière ? Les accusations portées contre votre personne doivent juste révéler que vous êtes quelqu'un de plus grand.

6. L'ART DE SUIVRE NÉHÉMIE EST L'ART DE RALLIER DIFFÉRENTS TYPES DE GENS POUR TRAVAILLER.

Au chapitre trois de Néhémie, vous trouvez comment Néhémie fut capable de travailler avec quarante et un différents types de personnes. Le nombre des différents groupes de gens avec lesquels vous pouvez travailler révélera l'ampleur de votre appel.

Certains ne peuvent travailler qu'avec un seul type de personnes. Parfois, ils ne peuvent travailler qu'avec leurs familles biologiques. D'autres ne peuvent travailler qu'avec des membres de leur tribu. Et d'autres ne peuvent travailler qu'avec des personnes originaires du même pays ou de même couleur.

Mais Jésus est venu mourir pour tous, toutes les familles, toutes les nations, toutes les tribus et toutes les langues. Vous devez toujours vous évaluer d'après le nombre de groupes différents avec lesquels vous pouvez travailler.

Beaucoup de gens établissent des missions dans différents pays qui ne touchent pas les indigènes du pays. Vous vous élèverez à une dimension supérieure quand Dieu se servira de vous pour travailler avec différents groupes de personnes.

Certains ne peuvent travailler qu'avec des hommes et d'autres qu'avec des femmes. Votre ministère sera plus quand vous pourrez travailler avec les hommes et les femmes ! Certains ne peuvent travailler qu'avec les pauvres. Certains ne peuvent travailler qu'avec les riches. Mais votre ministère sera plus quand vous pourrez travailler avec les riches et les pauvres.

Néhémie a travaillé avec quarante et un types de personnes. Il a ainsi fait preuve d'une plus grande vocation. Regardez autour de vous aujourd'hui : vous verrez des ministères qui ne peuvent servir que les gens de leur propre espèce. Vous en verrez d'autres qui sont des ministères nationaux. Vous en verrez d'autres qui sont internationaux.

En fait, vous découvrirez des gens comme Oral Roberts, Kenneth Hagin et Yonngi Cho qui sont devenus des pères spirituels pour de nombreux groupes de personnes à travers le monde entier. Cherchez et efforcez-vous d'avoir la grâce de Néhémie pour travailler avec différents groupes de personnes.

7. L'ART DE SUIVRE NÉHÉMIE EST L'ART DE BÂTIR LA MAISON DE DIEU MALGRÉ LE RIDICULE.

Lorsque Sanballat apprit que nous rebâtissions la muraille, il fut en colère et très irrité. Il se moqua des Juifs, et dit devant ses frères et devant les soldats de Samarie : À quoi travaillent ces Juifs impuissants ? Les laissera-t-on faire ? Sacrifieront-ils ? Vont-ils achever ? Redonneront-ils vie à des pierres ensevelies sous des monceaux de poussière et consumées par le feu ?

> Tobija, l'Ammonite, était à côté de lui, et il dit : Qu'ils bâtissent seulement ! SI UN RENARD S'ÉLANCE, IL RENVERSERA LEUR MURAILLE DE PIERRES !
>
> Néhémie 4, 1-3

Le ridicule est la moquerie qui empêche de nombreuses personnes à répondre à leur vocation. Des nombreux obstacles que vous rencontrerez dans le ministère, le ridicule est peut-être l'ennemi le plus facile à vaincre. Laissez les autres rires de vous. Cela vous apportera bien des victoires. Décidez de ne pas vous soucier de ceux qui vous méprisent. Décidez que vous ne serez pas affecté par ceux qui racontent des histoires sur vous et rient de vous. Décidez que vous accepterez la mauvaise opinion que les autres ont de vous et de vivre avec. Qui se soucie de leur opinion de toute façon ? Laissez-les penser ce qu'ils veulent.

Il y a des ennemis plus forts et plus mortels que l'ennemi appelé « le ridicule ». Laissez les gens s'amuser à vos frais. Laissez-les rire de vous s'ils le veulent ! Soyez humble et ne vous battez pas pour être quelqu'un qui ne peut pas être ridiculisé. Après tout, c'est seulement votre dangereuse fierté qui est touchée. Je vous le promets, rira bien qui rira le dernier ! Et vous rirez le dernier !

Beaucoup de gens ont ri de moi toute ma vie. On s'est moqué de moi de mes jours d'école jusqu'à maintenant. J'ai vu des gens discuter, raconter des histoires et se moquer de ma vie et de mon ministère. Honnêtement, c'est l'un des ennemis les plus faciles que vous rencontrerez. Passez par là rapidement et sortez brillant de la bataille. Vous êtes en route vers un endroit plus élevé. Ceux qui vous méprisent vivront et liront des choses au sujet de vos grands exploits.

8. L'ART DE SUIVRE NÉHÉMIE EST L'ART DE BÂTIR LA MAISON DE DIEU MALGRÉ LA PEUR.

> ET NOS ENNEMIS DISAIENT : ILS NE SAURONT ET NE VERRONT RIEN JUSQU'À CE QUE NOUS ARRIVIONS AU MILIEU D'EUX ; NOUS LES

TUERONS, ET NOUS FERONS AINSI CESSER L'OUVRAGE.

Or les Juifs qui habitaient près d'eux vinrent dix fois nous avertir, de tous les lieux d'où ils se rendaient vers nous.

C'est pourquoi je plaçai, dans les enfoncements derrière la muraille et sur des terrains secs, le peuple par familles, tous avec leurs épées, leurs lances et leurs arcs.

Je regardai, et m'étant levé, je dis aux grands, aux magistrats, et au reste du peuple: NE LES CRAIGNEZ PAS ! SOUVENEZ-VOUS DU SEIGNEUR, grand et redoutable, et combattez pour vos frères, pour vos fils et vos filles, pour vos femmes et pour vos maisons !

Néhémie 4,11-14

La peur est un ennemi que vous aurez à surmonter si vous voulez construire la maison du Seigneur. Toutefois, c'est un ennemi beaucoup plus difficile à surmonter que le ridicule. Pourquoi cela ? Il y a beaucoup de choses véritablement effrayantes dans ce monde. Néhémie fit face à des dangers réels dans sa quête pour construire les murs de Jérusalem. Il y a beaucoup de choses qui peuvent inspirer la peur chez les plus durs. Il y a beaucoup de choses qui peuvent vous tuer, vous détruire et embrouiller votre vie pour toujours. Il ne faut pas grand chose pour voir cela.

Quand Dieu vous enverra, vous verrez ces dangers et des choses effrayantes partout. La peur ne prend pas beaucoup de temps pour grandir en vous. J'ai toujours eu peur tout en obéissant au Seigneur. Obéir au Seigneur n'enlève pas la peur. C'est pourquoi Il dit : « Ne crains pas. Crois seulement ». Vous devez obéir malgré vos peurs. Vous devez commencer une église malgré vos peurs. Vous devez voyager malgré vos peurs. Vous devez vous marier malgré vos peurs. Vous devez déclarer votre vision hardiment malgré vos peurs. Vous devez aller de l'avant malgré vos peurs. C'est la seule façon d'avancer.

Pensez-vous que David n'était pas conscient du danger quand il lança un défi à Goliath? Il devait être terrifié. Nous sommes tous terrifiés. En effet, Néhémie était terrifié quand il a entendu ce que Sanballat et Tobija disaient. Mais il est quand même allé de l'avant et a construit les murs de Jérusalem. Il dit à ses disciples : ne les craignez pas ! Souvenez-vous du Seigneur, grand et redoutable, et combattez pour vos frères, pour vos fils et vos filles, pour vos femmes et pour vos maisons.

9. L'ART DE SUIVRE NÉHÉMIE EST L'ART DE TRAVAILLER JOUR ET NUIT.

> Nous priâmes notre Dieu, et nous établîmes une garde JOUR ET NUIT pour nous défendre contre leurs attaques.
>
> Néhémie 4,9

La plupart des gens veulent travailler seulement de jour. Mais Néhémie a travaillé jour et nuit. Avez-vous le désir de quitter le travail tôt, d'arriver en retard et de faire aussi peu que possible ? Examinez-vous et voyez si vous recherchez constamment une occasion d'avoir un jour de congé. Combien de fois trouvez-vous des raisons trompeuses pour sauter une journée de travail ? Vous êtes clairement quelqu'un qui ne va pas prospérer comme Néhémie.

La clé pour mener la guerre avec succès est de concentrer toutes vos forces sur un point jusqu'à ce qu'il cède à la pression que vous appliquez. C'est le principe que Néhémie a utilisé pour construire le mur de Jérusalem. Il a travaillé jour et nuit jusqu'à ce que le projet soit réalisé.

Travailler uniquement de jour ou quand c'est commode n'aide pas à réaliser des projets. Les gens me demandent souvent : « Quand trouvez-vous le temps d'écrire des livres ? »

Autrement dit : Vous pouvez faire quelque chose de grand si vous êtes prêt à bâtir de jour et de nuit.

10. L'ART DE SUIVRE NÉHÉMIE EST L'ART DE SE BATTRE ET DE BÂTIR.

> Ceux qui bâtissaient la muraille, et ceux qui portaient ou chargeaient les fardeaux, TRAVAILLAIENT D'UNE MAIN ET TENAIENT UNE ARME DE L'AUTRE ; chacun d'eux, en travaillant, avait son épée ceinte autour

des reins. Celui qui sonnait de la trompette se tenait près de moi.

Néhémie 4,17-18

Néhémie est un type d'apôtre. Il fut envoyé pour construire la maison de Dieu et établir le peuple de Dieu. Il est l'exemple duquel chaque apôtre des temps modernes doit apprendre. Ses luttes seront vos luttes. Ses tentations seront vos tentations et ses victoires vos victoires. Vous pouvez apprendre de lui et faire l'expérience du même genre de succès.

Qui veut combiner la construction et le combat ? Vous devez accepter qu'il va falloir construire pour Dieu et de lutter dans de nombreuses batailles en même temps. Cela fait partie de l'appel, en particulier en cette fin des temps. Vous combattrez dans des batailles à l'extérieur et à l'intérieur. Vous allez combattre des êtres physiques et aussi des êtres spirituels. Vous allez combattre des ennemis qui ressemblent à des ennemis, mais vous combattrez aussi des ennemis qui ressemblent à des amis.

Ne pensez pas que l'ennemi va s'asseoir et vous laisser construire la maison de Dieu. Il vous dressera des embuscades ! Il vous sabotera ! Il vous piégera ! Il enverra des leurres ! Il vous distraira ! Il vous accusera ! Il vous fera peur ! Il vous trompera ! Tout cela vous arrivera quand vous essaierez de construire quelque chose pour Dieu. C'est comme ça !

Il est temps d'accepter les choses telles qu'elles sont. Ne vous découragez pas parce que les choses sont comme ça. Un jour, une femme demanda à son mari : « Dis, quand est-ce que tu auras la paix ? » Elle se souciait des nombreuses batailles qu'il avait.

Un jour, un pasteur avait tant de problèmes qu'il décida de changer son nom. Il pensait son nom avait contribué à ses nombreuses batailles. Il s'appelait « Paul » et il pensait que le nom de « Paul » l'avait fait passer par autant d'attaques et de difficultés que l'apôtre Paul. Il changea donc son nom en « David ». Puis, à son grand étonnement, il eut encore plus de problèmes et de batailles.

Tous les apôtres comme Néhémie auront de nombreuses batailles et devront se battre et construire pendant toute leur vie.

Prenez vos armes et préparez-vous pour une longue lutte alors que vous construisez la maison de Dieu. Il est temps de construire et de se battre en même temps !

11. L'ART DE SUIVRE NÉHÉMIE EST L'ART DE BATIR LA MAISON DE DIEU MALGRÉ L'ÉGOÏSME ET LA CUPIDITE DES GENS.

> Je résolus de faire des réprimandes aux grands et aux magistrats, et je leur dis : Quoi ! vous prêtez à intérêt à vos frères ! Et je rassemblai autour d'eux une grande foule, et je leur dis : Nous avons racheté selon notre pouvoir nos frères les Juifs vendus aux nations ; et VOUS VENDRIEZ VOUS-MÊMES VOS FRÈRES, ET C'EST À NOUS QU'ILS SERAIENT VENDUS ! Ils se turent, ne trouvant rien à répondre.
>
> Néhémie 5,7-8

Quel choc ! Néhémie découvrit que les Juifs prenaient avantage les uns des autres et profitaient des réfugiés et des migrants venus s'installer à Jérusalem. Néhémie rencontra l'avidité et l'égoïsme que tous les leaders verront chez ceux qui les suivent. Les politiciens, les pasteurs et les autres leaders doivent accepter qu'ils sont à la tête de gens avides qui veulent tirer profit pour eux-mêmes. Un bon leadership est en fait l'art de galvaniser un groupe important d'avides et d'égoïstes pour qu'ils travaillent pour une cause commune. Personne n'aime vraiment la nation. Tout le monde s'aime soi-même.

La capacité de diriger est la capacité de contrôler tous les gens égoïstes et avides qui sont sous vos ordres et de les faire vivre heureux ensemble avec vous. Les Africains ne sont pas plus avides ou égoïstes que les Européens et les Américains. Les Américains et les Européens sont tout aussi avides que les Africains.

C'est la capacité de diriger les gens avides et égoïstes et de leur faire faire ce qui est bien qui fait la différence.

Un leader est comme un gardien de zoo qui doit superviser des animaux sauvages. C'est sa sagesse qui tiendra les animaux en paix ensemble pendant de nombreuses années. Cela ne veut pas dire que ces lions n'aiment pas manger les antilopes dans leur zoo, tandis que d'autres lions mangent les antilopes dans leur propre zoo. C'est le gardien du zoo qui doit utiliser sa sagesse pour faire que les lions et les antilopes vivent ensemble en paix.

Comme tous les leaders, Néhémie a évidemment dirigé des gens égoïstes qui ne pensaient qu'à tirer profits pour eux-mêmes. Mais il surmonta ce problème et les fit contribuer à la construction de Jérusalem.

12. L'ART DE SUIVRE NÉHÉMIE EST L'ART DU LEADERSHIP SACRIFICIEL.

> On m'apprêtait chaque jour un bœuf, six moutons choisis, et des oiseaux ; et tous les dix jours on préparait en abondance tout le vin nécessaire. Malgré cela, JE N'AI POINT RÉCLAMÉ LES REVENUS DU GOUVERNEUR, PARCE QUE LES TRAVAUX ÉTAIENT À LA CHARGE DE CE PEUPLE.
>
> Néhémie 5,18

Pour être un bon leader, vous devez sacrifier beaucoup de choses. Il y a beaucoup de privilèges et d'avantages que tout leader qui réussit peut avoir. À un moment donné, vos privilèges et pouvoirs seront plus que ce que vous ne pourrez jamais utiliser.

Regarder les gens que vous dirigez et les difficultés qu'ils ont vous amènera à limiter vos bénéfices. Quand vous voyez des leaders dont la première tâche consiste à prendre leurs privilèges, vous devez vous alarmer. Décidez d'être un leader sacrificiel.

13. L'ART DE SUIVRE NÉHÉMIE EST L'ART DE NE PAS ÊTRE DISTRAIT OU INATTENTIF.

> Je leur envoyai des messagers avec cette réponse : J'ai un grand ouvrage à exécuter, et je ne puis descendre ; LE TRAVAIL SERAIT INTERROMPU PENDANT QUE JE QUITTERAIS POUR ALLER VERS VOUS.
>
> Néhémie 6,3

Néhémie refusa de quitter son travail et de suivre de vaines choses. Pourquoi devrais-je quitter mon travail et descendre vers vous, demanda-t-il ? Vous serez distrait quand vous essaierez d'impressionner les gens. Impressionner les personnes est la plus grande distraction de votre vocation et de votre ministère. *Les gens qui aiment impressionner de l'extérieur sont rarement impressionnants à l'intérieur.* Il faut du temps et des efforts pour impressionner les gens, et cela devient la plus grande distraction du temps et des efforts nécessaires pour impressionner à l'intérieur. Vous devrez cesser le bon travail que vous faites à l'intérieur pour avoir le temps d'impressionner les gens de l'extérieur.

Ne vous laissez-pas distraire de votre vocation originelle. Ne soyez pas distrait de la « vraie chose ». Prêtez votre attention à la chose principale. La chose principale est toujours la chose principale. Quand vous passez beaucoup de temps à vous coiffer, à faire vos ongles, votre peau, vos cils, vos sourcils, vos ongles de pieds et votre visage, vous n'avez évidemment pas beaucoup de temps pour faire les corvées qui font d'une maison un endroit très agréable.

Les femmes qui passent beaucoup de temps et dépensent beaucoup d'efforts à bien paraître et à impressionner sont complètement distraites de leur rôle principal de bonnes épouses. Elles peuvent être des modèles pour la mode, mais de misérables épouses. Vous les voyez se parader lors des mariages en robes aux couleurs jaune et orange fantaisistes, tandis que leurs maisons sont sales et sentent mauvais.

Les ministres de l'Évangile qui aiment être agréables et gentils envers tous ont rarement le temps d'être agréables et gentils envers Dieu qui les a appelés. Entretenir des relations sociales inutiles et regarder la télévision sont des distractions clés de votre vocation principale.

14. L'ART DE SUIVRE NÉHÉMIE EST L'ART DE SURMONTER L'ACCUSATION D'AUTO-EXALTATION ET AUTOSATISFACTION.

Il y était écrit : Le bruit se répand parmi les nations et Gaschmu affirme que toi et les Juifs vous pensez à vous révolter, et que c'est dans ce but que tu rebâtis la muraille. TU VAS, dit-on, DEVENIR LEUR ROI.

Tu as même établi des prophètes pour te proclamer à Jérusalem roi de Juda. Et maintenant ces choses arriveront à la connaissance du roi. Viens donc, et consultons-nous ensemble.

Néhémie 6,6-7

Attendez-vous à être accusé d'essayer de vous exalter. C'est l'accusation habituelle de tout bon leader. Ne vous laissez pas influencer par les accusations. Maintes et maintes fois, vous serez accusé de vous exalter.

Vous devez réellement vous entraîner à être surpris si vous ne recevez pas de telles accusations.

Suivre le dessein de Dieu et Lui obéir conduit à l'exaltation. Deutéronome 28,1 promet l'exaltation et à la promotion pour ceux qui gardent les commandements de Dieu. C'est pourquoi les gens accusent constamment les ministres de l'évangile de s'exalter. Ils diront que vous êtes un pasteur ou un évêque qui s'est autoproclamé. Ne leur faites pas attention. Ce sont des accusations habituelles auxquelles vous devez vous attendre.

Le roi David fut accusé de s'exalter par ses propres frères. Son cœur était pur, et il fut scandalisé par l'insolence de Goliath. Il voulait prouver qu'il y avait un Dieu en Israël. Mais les gens virent les choses différemment. Et ils le feront toujours ! Son frère dit qu'il était fier. Remarquez ce passage de l'Écriture :

« Éliab, son frère aîné, qui l'avait entendu parler à ces hommes, fut enflammé de colère contre David. Et il dit : Pourquoi es-tu descendu, et à qui as-tu laissé ce peu de brebis dans le désert ? JE CONNAIS TON ORGUEIL ET LA MALICE DE TON CŒUR. C'est pour voir la bataille que tu es descendu ». (1 Samuel 17,28).

Néhémie fut accusé de s'exulter pour devenir le roi. David fut accusé de la même chose. Moïse fut accusé de s'exalter. Jésus fut accusé de Se rendre égal à Dieu. J'ai été accusé et vous le serez aussi. Arrêtez de vous plaindre et de ronchonner ! Décidez que vous ne serez pas distrait par de telles normes : « s'attendre à » des accusations !

15. L'ART DE SUIVRE NÉHÉMIE EST L'ART DE SURMONTER LES MENACES DE MORT.

Je me rendis chez Schemaeja, fils de Delaja, fils de Mehétabeel. Il s'était enfermé, et il dit : Allons ensemble dans la maison de Dieu, au milieu du temple, et fermons les portes du temple; car ils viennent pour te tuer, et c'est pendant la nuit qu'ils viendront pour te tuer.

JE RÉPONDIS : UN HOMME COMME MOI PRENDRE LA FUITE ! ET QUEL HOMME TEL QUE MOI POURRAIT ENTRER DANS LE TEMPLE ET VIVRE ? JE N'ENTRERAI POINT.

Néhémie 6,10-11

Il y a beaucoup de choses qui peuvent ôter votre vie. C'est pourquoi on fête les anniversaires avec tant de zèle. Un jour, j'ai entendu des statistiques étonnantes sur les différentes causes de décès. Il est dit que vos chances de mourir par avion sont autour de 1 sur 5000. On dit aussi que vos chances de mourir dans un accident de voiture sont de 1 sur 85 et celles de mourir d'un cancer sont de 1 sur 9. Étonnamment, plus vous connaissez de choses, plus vous vous rendez compte combien être en vie est un miracle.

Vous devez remplir votre vocation malgré les menaces et risques de décès. La mort est partout autour de vous. Mais cela ne doit pas vous guider et ne doit pas être la raison des choses que vous ne faites pas.

Bien que vous puissiez mourir de nombreuses causes différentes, vous devez savoir et croire que la mort est une chose prédéterminée. Elle est prédéterminée par Dieu. L'Écriture dit que les jours d'un homme sont déterminés par Dieu. « Si ses jours sont fixés, si tu as compté ses mois, si tu en as marqué le terme qu'il ne saurait franchir » (Job 14,5).

Le sort de l'homme sur la terre est celui d'un soldat, et ses jours sont ceux d'un mercenaire ? (Job 7,1).

Néhémie connut le succès parce que les menaces et les dangers de mort ne le guidaient pas. Il y a un groupe de gens qui sont partis en mer pour découvrir par eux-mêmes ce qui se trouvait au-delà de l'horizon. Ils ont découvert le monde au risque et péril de leur propre vie. Ils voulaient savoir si le monde était plat et s'ils finiraient par tomber de la terre. En fait, ils ne sont pas tombés, mais sont devenus les conquérants et les dirigeants du monde entier.

Il y a un groupe de gens qui voulaient savoir s'il y avait de la vie sur la lune. Il y a un groupe de gens qui voulaient savoir quelles planètes, étoiles et galaxies existent. Ils se sont engagés dans des expéditions et des expériences au détriment de leurs propres vies. C'est exactement ce que Néhémie fit et c'est pourquoi il réalisa de grandes choses pour Dieu malgré les risques et dangers pour sa vie personnelle.

Il y a un autre groupe de gens qui manifestent peu d'intérêt dans la hauteur d'une montagne et ce qu'il y a derrière une montagne. Y a-t-il quelqu'un de l'autre côté ? Y a-t-il des animaux à découvrir ? Y a-t-il des choses à voir ? Y a-t-il une civilisation avancée à découvrir ? Ce ne sont pas des questions qui viennent à l'esprit de ce groupe de gens. La sécurité d'abord ! Néhémie n'avait pas cette attitude passive et désintéressée. Il n'a pas vécu sa vie en pensant à la « sécurité avant tout ». C'est pourquoi il réalisa de grandes choses pour Dieu.

16. L'ART DE SUIVRE NÉHÉMIE EST L'ART DE SURMONTER LES FAUSSES PROPHÉTIES QUI FONT PEUR.

Et je reconnus que ce n'était pas Dieu qui l'envoyait. Mais IL PROPHÉTISA AINSI SUR MOI PARCE QUE SANBALLAT ET TOBIJA LUI AVAIENT DONNÉ DE L'ARGENT.

EN LE GAGNANT AINSI, ILS ESPÉRAIENT QUE J'AURAIS PEUR, et que je suivrais ses avis et commettrais un péché; et ils auraient profité de cette atteinte à ma réputation pour me couvrir d'opprobre.

> Souviens-toi, ô mon Dieu, de Tobija et de Sanballat, et de leurs œuvres ! Souviens-toi aussi de Noadia, la prophétesse, et des autres prophètes qui cherchaient à m'effrayer !
>
> Néhémie 6,12-14

Satan sait que la peur est l'une des forces directrices les plus puissantes. Si vous pouvez conduire les gens à avoir peur de quelque chose, vous pouvez faire en sorte qu'ils l'évitent. Si vous pouvez les conduire à avoir peur du champ de la mission, vous pouvez les empêcher d'y aller. Si vous pouvez conduire les gens à avoir peur du ministère, vous pouvez les empêcher d'y entrer.

Remerciez Dieu pour le ministère prophétique. Comme j'aimerais être davantage prophète ! Comme je prie pour recevoir des visions et des rêves ! Quel dommage que beaucoup de ceux qui sont dotés de ce don s'en servent pour effrayer et contrôler les gens. Présenter une prophétie qui fait peur est la chose la plus facile à faire.

Il y a tellement de mauvaises choses que nous craignons, et le peuple de Dieu est si prêt à recevoir une prophétie qui permettra d'éviter l'une de ces mauvaises choses. Malheureusement, l'une des grandes sources de l'esprit du mal réside dans les prophéties manipulatrices qui causent la peur. Ce sont des prophéties qui nourrissent la peur de mauvais événements et de malheurs. Néhémie a eu sa juste part des prophéties remplies de peur, mais il tint bon et il refusa de se laisser influencer par un démon qui inspirait la peur.

Le démon qui inspire le mal

Chaque fois que j'entends des choses qui inspirent la peur, je me méfie de la présence d'un démon qui inspire le mal. L'esprit de peur est l'esprit d'un démon qui inspire le mal. Une fois que vous cédez à la peur, toute votre vie sera escortée par cet esprit qui inspire le mal. Ce ne sont pas tous les esprits mauvais qui inspirent et influencent. Certains mauvais esprits tourmentent, d'autres harcèlent et intimident les autres, tandis que d'autres accusent et oppriment. Mais l'esprit de la peur effraie, inspire et escorte les croyants jusqu'à ce qu'ils quittent la volonté de Dieu.

J'ai dû surmonter la peur de me marier, d'être pasteur, de démarrer une église, de mettre en place de multiples services, la peur d'ouvrir des succursales d'églises, de prier pour les malades, de voyager et la peur d'avoir des croisades. Si j'avais suivi l'un de ces esprits qui inspirent le mal, je ne serais pas dans le ministère aujourd'hui. Néhémie n'a pas répondu à la peur qui lui était envoyée. En raison de cela, il devint le célèbre constructeur des murs de Jérusalem.

17. L'ART DE SUIVRE NÉHÉMIE EST L'ART DE CONTROLER LES GENS ET L'ARGENT.

L'assemblée tout entière était de quarante-deux mille trois cent soixante personnes (…).

Plusieurs des chefs de famille firent des dons pour l'œuvre. **Le gouverneur donna au trésor mille dariques d'or, cinquante coupes, cinq cent trente tuniques sacerdotales.**

Néhémie 7,66.70

Si vous êtes un sage leader spirituel, vous contrôlerez le nombre d'âmes et la somme d'argent dont vous avez la charge. Néhémie contrôla la taille de sa congrégation et il savait qu'il y avait exactement quarante-deux mille trois cent soixante personnes sous sa responsabilité. La plupart des pasteurs ne savent pas combien de personnes assistent vraiment à leurs services. Comment pouvez-vous savoir quoi faire quand vous ne savez pas où vous en êtes ?

Néhémie surveilla aussi la quantité d'argent dont il était chargé. La plupart des gens qui font le travail de l'église ne se soucient pas de suivre les détails importants qui se rapportent au ministère. Ce n'est pas la sagesse de Dieu.

Combien de temps les simples aimeront-ils la simplicité ? - C'est la question que pose la sagesse.

Jusqu'à quand, simples, aimerez-vous la simplicité ? **Jusqu'à quand les moqueurs se plairont-ils à la moquerie, et les insensés haïront-ils la science ?**

Proverbes 1,22

Qu'est-ce qu'une chose simple ? Qu'est-ce que cela veut dire être simple ? Être simple veut dire « *ne pas être complexe* », de « *ne pas avoir de sections* » ni de « *compartiments* ».

Réussir dans quoi que ce soit est beaucoup plus compliqué que vous ne l'imaginez. Cela a beaucoup de sens d'avoir un mariage, un ministère ou une entreprise réussi. Vous devrez quitter la « simplicité » et accepter la réalité de la « complexité ». Beaucoup de choses contribuent au succès. Vous ne pouvez pas vous concentrer uniquement sur la prière et la lecture de la Bible si vous voulez avoir du succès. Il y a plus que deux parties dans la réussite. Le ministère réussi de Néhémie comportait de nombreux aspects différents. Comme vous pouvez le voir d'après ce que j'ai écrit, il y avait de nombreuses facettes aux grandes réalisations de Néhémie.

Utiliser les données, contrôler les gens et contrôler avec précision l'argent est une clé importante pour la réussite de n'importe quel ministère. Les pays qui réussissent contrôlent ces deux choses tout le temps. Les pays qui réussissent n'ont pas de frontières poreuses qui permettent à n'importe qui d'entrer quand il veut. Ils savent qui entre et qui sort.

Les pays qui réussissent ont les yeux sur toutes les frontières et toute entrée possible. Les pays qui réussissent savent combien d'argent ils ont et combien d'argent ils doivent. Les pays qui réussissent savent combien de kilomètres de route ils ont et combien de médecins, d'infirmières, d'avocats, d'ingénieurs et d'enseignants. Les ministres qui réussissent savent aussi ces choses, et ils ont développé des façons efficaces de contrôler les données et l'information.

Cessez d'être simple. Acceptez les réalités complexes et compliquées de la vie et du ministère. Cessez d'aimer la simplicité. Levez-vous et apprenez les différents aspects et services qui contribuent à créer le succès.

18. L'ART DE SUIVRE NÉHÉMIE EST L'ART DE LIRE LA BIBLE.

Alors tout le peuple s'assembla comme un seul homme sur la place qui est devant la porte des eaux. Ils dirent à

Esdras, le scribe, d'apporter le livre de la loi de Moïse, prescrite par l'Éternel à Israël.

Et le sacrificateur Esdras apporta la loi devant l'assemblée, composée d'hommes et de femmes et de tous ceux qui étaient capables de l'entendre. C'était le premier jour du septième mois.

Néhémie 8,1-2

Néhémie s'assura que la parole de Dieu était lue et comprise par la communauté de Jérusalem. La lecture de la Parole de Dieu est l'une des plus grandes clés du succès. Il y a de nombreuses années, j'ai rencontré une dame qui m'a présenté la plus grande clé du succès : la clé de la lecture de la Parole de Dieu. Dans la Parole de Dieu, vous trouverez toute la sagesse et la direction dont vous avez besoin pour votre vie et votre ministère.

Il est excitant d'avoir des visions et des rêves. J'ai entendu des prophètes décrire des visions fantastiques qui les faisaient paraître très surnaturels et hors de ce monde. Je me sentais si ordinaire et presque « sans appel » quand j'écoutais leurs témoignages. Cependant, avec le temps, je me suis rendu compte que ce qu'ils avaient partagé était aussi à ma disposition à travers la lecture de la Parole de Dieu.

Lire la Parole de Dieu sous l'influence révélatrice de l'Esprit Saint est l'équivalent de ces visions et rêves. Si vous respectez la lecture de la Parole de Dieu et la réalité de la présence de l'Esprit Saint, vous aurez même encore plus que ce dont certains prophètes font l'expérience. Lire la Bible n'est pas une expérience spectaculaire, mais elle est tout aussi surnaturelle. Vous devez la respecter. Si vous voulez avoir autant de succès que Néhémie, vous devez apprendre l'art de lire la Bible. Il n'y a pas de substitut à la lecture de la Bible. Vous devez lire votre Bible et vous devez la lire chaque jour pour pouvoir réaliser le plan et but de Dieu sur votre vie.

Chapitre 14

L'art de suivre Esther

1. L'ART DE SUIVRE ESTHER EST L'ART D'APPRENDRE DE CEUX QUI VOUS PRÉCEDENT.

Le septième jour, comme le cœur du roi était réjoui par le vin, il ordonna à Mehuman, Biztha, Harbona, Bigtha, Abagtha, Zéthar et Carcas, les sept eunuques qui servaient devant le roi Assuérus, d'amener en sa présence la reine Vasthi, avec la couronne royale, pour montrer sa beauté aux peuples et aux grands, car elle était belle de figure.

Mais la reine Vasthi refusa de venir, quand elle reçut par les eunuques l'ordre du roi. Et le roi fut très irrité, il fut enflammé de colère.

Esther 1,10-12

Des signes vivants devant vous

Il y a de nombreuses années, le Seigneur me montra que tout le monde était le remplaçant d'un d'autre. Je suis le remplaçant de quelqu'un et vous êtes le remplaçant de quelqu'un ! Il y a toujours une raison pour laquelle les gens sont remplacés. Il est important de comprendre les raisons pour lesquelles vous avez remplacé la personne qui vous a précédé.

Esther apprit de l'erreur de Vasthi. Elle savait qu'elle ne devait jamais faire l'erreur de défier son roi et son mari. Elle savait qu'elle ne devait jamais agir avec fierté, sinon elle serait abattue comme une branche desséchée. Elle devait se souvenir de la leçon de Vasthi !

Tout au long de la Bible, Dieu permet à Ses prophètes d'être des signes vivants devant le peuple. Il les fait jouer un drame pour que les gens voient ce qui pourrait arriver. En faisant cela, Dieu leur donne un signe vivant - un signe clair.

Le jour où Isaïe était nu et déchaussés

En ce temps-là l'Éternel adressa la parole à Ésaïe, fils d'Amots, et lui dit : Va, détache le sac de tes reins et ôte tes souliers de tes pieds. Il fit ainsi, marcha nu et déchaussé. Et l'Éternel dit : De même que mon serviteur Ésaïe marche nu et déchaussé, ce qui sera dans trois ans un signe et un présage pour l'Égypte et pour l'Éthiopie, de même le roi d'Assyrie emmènera de l'Égypte et de l'Éthiopie captifs et exilés les jeunes hommes et les vieillards, nus et déchaussés, et le dos découvert, à la honte de l'Égypte.

Ésaïe 20,2-4

Les gens qui vous précèdent sont des signes de Dieu pour vous. Ce sont des signes montrant comment vous pouvez tomber et aussi comment vous pouvez vous relever. Parce que Dieu vous a gracieusement donné des signes vivants et des leçons de vie, vous devez décider de ne pas tomber exactement dans le même problème qui a détruit votre prédécesseur.

Qui Dieu a-t-il permis de tomber juste avant vous ? C'est un message pour vous sur ce qui peut arriver et comment l'éviter. Il y aura certainement des problèmes et des tentations qui vous viendront et dont vous ne saurez rien ou presque rien. Mais Dieu a permis que certaines choses se produisent devant vous pour que vous appreniez de première main quoi faire et ne pas faire.

2. L'ART DE SUIVRE ESTHER EST L'ART DE LA PRÉPARATION.

Chaque jeune fille allait à son tour vers le roi Assuérus, après avoir employé douze mois à s'acquitter de ce qui était prescrit aux femmes ; PENDANT CE TEMPS, ELLES PRENAIENT SOIN DE LEUR TOILETTE, SIX MOIS avec de l'huile de myrrhe, et SIX MOIS avec des aromates et des parfums en usage parmi les femmes.

Esther 2,12

La préparation est la clé essentielle qui génère la vitesse et le succès. Une longue et bonne préparation est nécessaire pour réussir dans presque tous les domaines de la vie. Esther s'est préparée longuement et durement pour le jour où elle rencontrerait le roi. Elle a planifié sur une longue période et répété à l'avance, s'entraînant à la tâche spécifique qui était devant elle. Esther s'est servie des cinq clés de la préparation réussie pour son rôle possible d'épouse du roi.

Les cinq clés de la préparation d'Esther

1. **Planifier longtemps à l'avance.** Elle a planifié sur une longue période de temps. Elle eut beaucoup de temps pour décider quoi faire et quoi dire au roi. Les plans à court terme sont plus susceptibles d'échouer que ceux à long terme. C'est pourquoi je te traiterai de la même manière, Israël ; et puisque je te traiterai de la même manière, PRÉPARE-TOI À LA RENCONTRE DE TON DIEU, O Israël ! (Amos 4,12)

2. **Prévoir les problèmes.** Esther a prévu les problèmes qu'elle rencontrerait. Elle savait qu'elle n'aurait que quelques minutes avec un roi qui avait l'embarras du choix. Elle savait qu'elle aurait à faire quelque chose d'impressionnant dans le court laps de temps qui lui était donné. Le roi avait vu des milliers de belles filles et il n'était facile à impressionner. En outre, il y avait des questions non résolues. Pourquoi avait-on rejeté Vasthi ? Quels problèmes ces épouses rencontraient souvent ? Que pouvait-elle faire pour les éviter ? L'homme prudent voit le mal et se cache, mais les simples avancent et sont punis (Proverbes 22,3).

3. **Répéter à l'avance**. Esther répéta à l'avance. La préparation est souvent mise au point avec une répétition. Faire des travaux difficiles est rendu possible par la pratique et la répétition. David avait pratiqué le meurtre des géants en tuant des bêtes, tout aussi dangereux dans le désert. Ses répétitions le rendirent prêt à s'opposer à la bête appelée Goliath. Dieu peut vous donner des répétitions pour

votre futur ministère. Ne méprisez pas les possibilités de formation.

4. **Se former à des tâches spécifiques.** Esther se forma à sa tâche spécifique. La préparation implique une formation détaillée à des emplois spécifiques. Une fois que vous savez ce que vous allez faire, vous pouvez vous former spécifiquement pour cette tâche. Il y a beaucoup de choses pour lesquelles Dieu se servira de vous, et Il vous formera en vous donnant des tâches similaires à votre future mission.

5. **Acquérir des connaissances particulières.** Esther reçut l'enseignement d'une connaissance particulière. En effet, vous avez besoin de connaissances particulières pour être épouse. Vous auriez même eu besoin de connaissances encore plus spéciales pour être la femme d'Assuérus. La préparation implique la formation avec des connaissances particulières. Des connaissances particulières sont requises pour des tâches spéciales. Si vous n'acquérez pas les connaissances particulières nécessaires au travail spécial, vous ne serez pas prêt à répondre à votre appel.

3. L'ART DE SUIVRE ESTHER EST L'ART DE PRENDRE VOTRE APPARENCE AU SÉRIEUX.

> Chaque jeune fille allait à son tour vers le roi Assuérus, après avoir employé douze mois à s'acquitter de ce qui était prescrit aux femmes ; PENDANT CE TEMPS, ELLES PRENAIENT SOIN DE LEUR TOILETTE, six mois avec de l'huile de myrrhe, et six mois avec des aromates et des parfums en usage parmi les femmes.
>
> Esther 2,12

Beaucoup de gens spirituels méprisent l'importance de l'apparence physique et extérieure. Mais l'Écriture nous enseigne à être prêts à donner une réponse à ceux qui se glorifient de leur aspect extérieur. En effet, l'aspect extérieur a sa place et ceux qui banalisent son importance en paieront le prix. Esther s'est placée dans cette position importante en investissant dans son apparence extérieure. Elle a passé des mois à se préparer pour être la plus belle femme de Perse.

L'importance des instructions « naturelles »

Chaque quête spirituelle a généralement des questions naturelles correspondantes qui sont importantes pour le succès de cette mission spirituelle. Vous devrez peut-être avoir un mariage réussi pour être capable de réussir comme pasteur. Le mariage est un arrangement complètement physique et domestique avec de nombreuses obligations et exigences naturelles. Si vous ne remplissez pas ces dernières, vous ne pouvez pas réussir dans votre mission spirituelle.

Ne méprisez pas l'instruction du Seigneur dans les choses naturelles. Elles peuvent être en apparence insignifiantes, mais quand elles viennent du Seigneur, elles feront la différence dans votre mission.

Bien que le golf ne soit qu'un jeu, je trouve ma décision de jouer au golf comme l'une des étapes naturelles les plus importantes que j'aie jamais prises. Cela m'est devenu une aide véritable dans ma quête spirituelle et ma mission.

Une personne spirituelle lutte souvent avec les instructions du Seigneur sur les choses naturelles. Choisir d'ignorer les instructions de Dieu sur des sujets naturels comme le sexe coûte souvent aux gens extrêmement spirituels qui préfèrent s'enfoncer la tête dans le sable et faire comme si les questions naturelles n'existaient pas.

4. L'ART DE SUIVRE ESTHER EST L'ART DE POUVOIR PLAIRE À LA BONNE PERSONNE AU BON MOMENT.

> Esther fut conduite auprès du roi Assuérus, dans sa maison royale, le dixième mois, qui est le mois de Tébeth, la septième année de son règne.
>
> Le roi aima Esther plus que toutes les autres femmes, et ELLE OBTINT GRÂCE ET FAVEUR DEVANT LUI PLUS QUE TOUTES LES AUTRES JEUNES FILLES. Il mit la couronne royale sur sa tête, et la fit reine à la place de Vasthi.
>
> Esther 2,16-17

Des personnes différentes ont des choses différentes qui leur plaisent. Les lions mangent de la viande et l'herbe, les feuilles et la verdure ne leur plaisent pas. C'est la même chose pour les humains qui ont des désirs et des particularités différentes. Pour plaire à un homme, vous devez comprendre ce qui lui plaît. Malheureusement, de nombreuses femmes essaient de plaire à un homme avec les choses qui plaisent à une femme ! Les hommes aussi essaient de plaire aux femmes avec ce qui plaît à un homme !

En fait, Esther dut trouver comment parler au roi d'une manière qui lui plaise.

Pourquoi Esther a-t-elle plu au roi ?

Je soupçonne qu'Esther fit deux choses pour plaire au roi. Tout d'abord, elle a dû parler d'une façon qui a impressionné le roi. Votre communication et votre façon de parler sont importantes si vous devez plaire à quelqu'un ! Les femmes très silencieuses et qui ne parlent pas beaucoup ne le trouvent pas facile à se marier. Elles peuvent être belles, mais personne ne les remarque ni est impressionné par elles. Elles n'attirent souvent personne. La beauté seule ne suffit pas pour impressionner un homme. Souvent, c'est la façon de parler d'une femme qui attire et séduit un homme.

Deuxièmement, elle a dû lui plaire sexuellement. L'homme moyen est impressionné par un bon sexe et passionnant.

Certains mariages ont de la « bonne » nourriture et du « mauvais » sexe !

Certains mariages ont de la « mauvaise » nourriture et du « bon » sexe !

Certains mariages ont même de la « mauvaise » nourriture et du « mauvais » sexe ! Quel choc !

Les meilleurs mariages ont de la « bonne » nourriture et du « bon » sexe !

Ignorer l'importance d'un sexe passionnant, innovant et satisfaisant est se tromper et être hypocrite ! Un coup d'œil sur la nature et la faune révèle un désir très ardent et la nécessité pour les espèces mâles de s'accoupler et de se reproduire. Ce désir inné et parfois incontrôlable est ce avec quoi les Chrétiens se battent pour se limiter à un seul partenaire. Un partenaire sexuel chrétien doit répondre à tous les besoins sexuels qui sont naturels, élémentaires, biologiques et physiologiques dans la nature.

Esther fut une partenaire sexuelle du roi entrainée, préparée et très motivée.

Esther fut-elle une partenaire sexuelle non motivée ?

Malheureusement, beaucoup de chrétiens ont peu ou pas de motivation pour être de bons partenaires sexuels. Quand les femmes sont amoureuses et petites amies de certains hommes qu'elles aiment, elles sont très motivées pour réaliser des ébats sexuels excitants. Elles feront n'importe quoi, n'importe quand et n'importe où, à la grande joie de leur petit ami non engagé. Pourtant, ces mêmes jeunes filles, une fois mariées à des Chrétiens, ont peu ou pas de motivation pour effectuer ce qu'elles avaient l'habitude de faire avant.

En tant qu'épouses, elles ont peu de motivation, parce qu'elles ont un époux chrétien engagé qu'elles peuvent tenir pour acquis.

Elles ont peu de motivation, parce qu'elles ont atteint le statut social d'épouse !

Les épouses chrétiennes sont peu motivées, parce qu'elles ont des enfants et ne voient pas le besoin d'ébats sexuels inutiles.

Mais rappelez-vous que ces mêmes femmes non motivées, qui relèvent le nez à la mention du sexe dans l'église, étaient autrefois des gymnastes sexuelles très motivées, agiles et aérobics. Elles avaient l'habitude de tourner avec enthousiasme autour du ventre de leurs petits amis et de sauter dans la chambre sans vêtements, en souriant, riant et rigolant, à la grande joie de leurs petits amis non engagés.

Aujourd'hui, après être devenues les épouses de frères chrétiens engagés, après avoir eu un enfant ou deux et avoir appris à mépriser leurs maris, elles n'ont ni énergie ni enthousiasme pour ce qu'elles considèrent être un acte banal, ennuyeux, sale et insensé d'intrusion et d'inconfort.

Elles n'ont plus de sensations fortes ni de pirouettes à offrir à leurs époux chrétiens ennuyeux. Après tout, ce mari chrétien ne s'en ira jamais, parce qu'il a trop à perdre s'il quitte sa femme pour une autre.

Je suppose qu'Esther fut une partenaire sexuelle très motivée et que le roi a vraiment apprécié sa nuit avec elle.

Pensez-vous qu'Esther dit au roi qu'elle ne se sentait pas bien ou qu'elle avait mal à la tête ?

Pensez-vous qu'Esther fit une grimace au roi quand il essaya d'avoir des relations sexuelles avec elle ?

Pensez-vous qu'Esther eut une mauvaise attitude envers le roi ce soir-là ? Bien sûr que non ! Ces mauvaises attitudes sont la marque d'épouses chrétiennes non motivées qui ne se soucient plus de procurer le bonheur et l'excitation en privé à leurs maris.

5. L'ART DE SUIVRE ESTHER EST L'ART DE MAXIMISER VOTRE « INSTANT ».

> Esther fut conduite auprès du roi Assuérus, dans sa maison royale, le dixième mois, qui est le mois de Tébeth, la septième année de son règne.
>
> Le roi aima Esther plus que toutes les autres femmes, et ELLE OBTINT GRÂCE ET FAVEUR DEVANT LUI PLUS QUE TOUTES LES AUTRES JEUNES FILLES. Il mit la couronne royale sur sa tête, et la fit reine à la place de Vasthi.
>
> Esther 2,16-17

Comme toutes les autres vierges, Esther devait avoir une nuit avec le roi. Durant cet instant, elle devrait faire et dire des choses qui impressionneraient le roi. Elle avait un instant d'opportunité, un aperçu de la gloire et elle devait tout simplement maximiser cet instant-là.

C'est souvent comment ça se passe dans la vie. Vous avez juste un instant pour dire et faire les bonnes choses. Si vous ne maximisez pas cet « instant » et ne tirez pas le meilleur parti de votre occasion, vous allez tout perdre. Beaucoup de gens se plaignent et disent :

« Si j'avais plus de temps, je pourrais faire mes preuves ».

« Si j'avais plus de temps, je pourrais dire ce que je veux vraiment dire ».

« Si j'avais plus de temps, je montrerais à tout le monde qui je suis vraiment ».

Malheureusement, il n'y a pas de temps ni d'occasion pour que vous fassiez vos preuves. On vous présentera de brefs moments d'opportunité et c'est à cet instant-là que vous devrez laisser votre trace.

Parfois, quand on invite des gens à prêcher, ils n'arrêtent pas de parler et essaient de dire tout ce qu'ils savent, partageant tous les passages de l'Écriture qu'ils connaissent sur ce sujet. Mais cela tue souvent le message.

Un jour, on avait invité un ministre dans une église et il avait une trentaine de minutes pour prêcher. D'une façon ou d'une autre, il n'est pas arrivé à limiter son message aux trente minutes. Il continuait de citer des passages de l'Écriture qui mettaient l'accent sur son idée jusqu'à ce que le fondement scripturaire de son enseignement fût sans l'ombre d'un doute. Même s'il fit valoir son point, ceux qui l'avaient invité n'étaient pas heureux de son message, ni du temps qu'il avait pris pour le transmettre. Ce qu'il n'a pas compris, c'est qu'il avait juste « un instant » et qu'il était censé maximiser cet instant-là.

Chaque prédicateur a des milliers de messages, mais vous devez connaître l'art de donner le bon message au bon instant. C'est parce que les gens n'arrivent pas à maximiser l'instant qu'on leur donne qu'ils tombent et ne réussissent pas dans la vie.

Le principe de la maximisation de l'instant se voit dans les examens quand on vous donne une heure ou deux pour écrire ce que vous savez. Comment utiliser cette heure convenablement est ce qui vous conduit de l'avant ou vous retient en arrière.

Les entretiens d'embauche sont également basés sur ce principe - le principe de la maximisation de l'instant. Lors d'une entrevue, vous pouvez avoir dix minutes pour faire bonne figure et avoir un bon discours. Vous pouvez avoir beaucoup de choses en réserve en vous, mais on vous donnera seulement un instant pour vous exprimer.

Alors comment maximiser « l'instant »

1. Vous devez prévoir que vous aurez un temps très court pour faire ce que vous avez à faire.

2. **Vous devez être conscient des choses stupides que vous ne devez jamais faire au cours de cet « instant ».** Par exemple, l'un de mes aînés à l'école médicale m'a une fois conseillé de ne pas répondre à une question dans un examen oral en disant : « Je ne sais pas ! » Cette réponse semblait mettre les professeurs en colère. Quand vous êtes un ministre invité, vous ne devez jamais dépasser le temps qui vous est imparti. La plupart des pasteurs qui accueillent veulent vraiment terminer le service à temps et tenir à leur horaire prévu. La plupart des pasteurs qui accueillent s'irritent quand votre service dépasse le temps imparti. Vous vous blessez vous-même en irritant votre hôte.

3. **Apprenez à faire des choses rapidement et en un « instant ».** Je me suis rendu dans de nombreux endroits où les gens offrent de nous servir à manger et à boire. Parfois, ils prennent tellement de temps à trouver ce qu'ils ont que tout le monde perd de l'intérêt. Il ne s'agit pas seulement de servir à manger et à boire, mais aussi de servir à manger et à boire à l'instant où c'est nécessaire.

4. **Soyez vous-même, et soyez aussi naturel que possible pendant « l'instant »** que vous avez pour impressionner.

Pourquoi devriez-vous être vous-même et pourquoi devriez-vous être naturel ? Vous devez être vous-même, parce que votre meilleure performance est votre performance la plus naturelle ! Votre pire performance sera votre présentation affectée et artificielle. C'est très drôle de voir les gens essayer de parler avec un accent, seulement pour se trahir après quelques phrases. Un homme intelligent pourra toujours distinguer les fausses présentations.

5. **Préparez-vous à « l'instant », comme le fit Esther.** Lorsque des occasions se présentent, tout le monde voit si vous vous êtes bien préparé. La plupart des artistes extrêmement talentueux répètent plus que quelqu'un d'autre. Une étude attentive de leur vie vous mènera toujours à une question : « Ces gens sont-ils vraiment talentueux ou est-ce tout simplement qu'ils répètent beaucoup ? »

6. **Soyez détendu.** La tension est le voleur de votre meilleure performance. Quand il est temps de maximiser l'instant, vous n'avez pas besoin d'être tendu. Vous prêchez mieux quand vous êtes détendu. Quand j'ai commencé ma carrière de prédicateur, je découvris avec surprise que je servais mieux quand je n'étais pas préparé que quand j'étais rempli de tensions, quand j'avais jeûné et prié toute la journée.

6. **L'ART DE SUIVRE ESTHER EST L'ART DE RESTER PETIT À VOS PROPRES YEUX.**

Vous devez persister dans votre soumission au père que vous avez toujours connu. Même quand vous êtes promu, vous devez savoir en vous que vous n'êtes qu'un enfant. Oral Roberts dit que sa mère lui conseilla de rester petit à ses propres yeux. C'est le problème de la promotion. Nous devenons « grands » à nos propres yeux et pensons que nous n'avons plus besoin des apports de ceux qui nous ont jadis guidés.

Il est vrai que vous grandirez et couperez le cordon ombilical, mais vous aurez toujours besoin de garder l'humilité qui vous rend ouvert aux conseils dans votre position « élevée ». Tel fut le problème de Saül. Il n'est pas resté petit à ses propres yeux et se coupa de Dieu. Le prophète lui dit :

> Samuel dit : Lorsque tu étais petit à tes yeux, n'es-tu pas devenu le chef des tribus d'Israël, et l'Éternel ne t'a-t-il pas oint pour que tu sois roi sur Israël ?
> 1 Samuel 15,17

Moïse, par ailleurs, ne fut pas trop « grand » pour recevoir des conseils de son beau-père. Même s'il avait vu des anges et Jéthro n'en avait pas vu, il s'ouvrit aux conseils de son beau-père.

Esther resta petite à ses propres yeux. Elle avait grandi dans la maison de son oncle et l'avait entendu la conseiller pendant toute sa vie. De façon étonnante, quand elle devint reine, son oncle Mardochée avait encore quelque chose à dire sur ce qu'elle devait faire et ne pas faire. Il lui dit : « Ne dis à personne d'où tu viens. C'est mon conseil pour toi dans ton mariage ! » Ce conseil fut la clé de sa survie et de son succès en tant que reine.

> Esther n'avait pas fait connaître ni son peuple ni sa parenté ; car MARDOCHÉE LUI AVAIT RECOMMANDÉ de ne pas les faire connaître.
> Esther 2,10 (KJF)

> Esther n'avait pas encore fait connaître ni sa parenté ni son peuple, ainsi que Mardochée le lui avait recommandé ; car Esther faisait ce que Mardochée) lui avait commandé, comme lorsqu'elle était élevée chez lui.
> Esther 2,20 (KJF)

Peut-être que votre père, votre mère ou votre pasteur va encore vous donner des conseils qui vont vous aider ou vous nuire à l'avenir. Serez-vous capable de recevoir les conseils ? Voulez-vous écouter les conseils, malgré votre succès et votre situation actuelle ? Si vous voulez suivre Esther, vous devez suivre sa capacité à rester petite à ses propres yeux, en écoutant son père et son conseiller, même quand elle était reine.

7. L'ART DE SUIVRE ESTHER EST L'ART DE NE PAS SE SAISIR DU POUVOIR, DES PRIVILÈGES NI DES SITUATIONS.

Mardochée fit répondre à Esther : Ne t'imagine pas que tu échapperas seule d'entre tous les Juifs, parce que tu es DANS LA MAISON DU ROI.

Esther 4,13

Esther était prête à renoncer à la situation précieuse de vivre dans la maison du roi. Elle était prête à perdre ses privilèges et sa reconnaissance pour l'amour de sa haute vocation.

Les gens qui font trop attention aux situations et aux privilèges ne peuvent pas faire grand-chose ! C'est parce que pour eux la situation est plus importante que le travail.

Il y a de nombreuses années, un homme qui s'appelait oncle James me dit : « Certaines personnes ont 'le poste', mais pas 'le travail'. Et certains ont 'le travail', mais pas 'le poste' ». Oncle James m'encourageait à faire le travail du ministère et de ne pas trop me préoccuper de savoir si j'avais le poste ou la situation reconnue.

En effet, on peut vous appeler « révérend », mais il n'y a peut-être rien à révérer en vous. On peut vous appeler « évêque », mais peut-être que vous ne supervisez rien de substantiel. Un évêque est un superviseur. Il peut y avoir des gens qui n'ont pas le titre d'« évêque », mais qui supervisent en fait de nombreuses églises et personnes.

En effet aujourd'hui, il y a beaucoup de gens qui font trop attention aux situations et titres et qui prétendent faire l'œuvre du ministère, mais qui ne font en fait rien du tout.

Vous devez vous concentrer sur le travail que vous êtes appelé à faire, qu'il soit accompagné d'une situation ou d'un titre ou pas. Esther était dans la maison du roi. Les signes extérieurs du palais et les coulisses du pouvoir dans lequel elle marchait, ne réussirent pas à la distraire de sa tâche réelle de sauver le peuple de Dieu dans leur temps de besoin. Préoccupez-vous de votre véritable vocation et non pas des attributs du pouvoir et de la situation.

Il y a beaucoup de gens qui arrivent au pouvoir et commencent immédiatement à demander les privilèges qui vont avec la situation. Un jour, un pasteur fut nommé président d'un conseil d'administration. En une semaine, il avait contacté le directeur des ressources humaines pour savoir ce qui lui était dû puisqu'il était maintenant le président. Malheureusement, il n'y avait pas de bénéfices, parce que ses services devaient être gratuits. De telles demandes ne font que révéler un désir d'une situation et de ses avantages associés.

8. L'ART DE SUIVRE ESTHER EST L'ART DE JOUER VOTRE RÔLE SPÉCIAL QUAND IL EST TEMPS.

Vous devez comprendre votre importance prophétique et votre but à un moment donné.

> Car, si tu te tais maintenant, le secours et la délivrance surgiront d'autre part pour les Juifs, et toi et la maison de ton père vous périrez. Et qui sait si ce n'est pas POUR UN TEMPS COMME CELUI-CI QUE TU ES PARVENUE À LA ROYAUTÉ ?
>
> Esther 4,14

Il y a une raison pourquoi Dieu vous a suscité - pour faire un travail spécifique pour Lui. Parfois, les gens ne se rendent pas compte combien ils sont importants dans le plan global de Dieu. C'est parce que tout le monde pense qu'être pasteur ou évangéliste est le seul travail important pour lequel une personne peut être suscitée. En raison de cela, la plupart des gens ne reconnaissent pas les autres rôles stratégiques et prophétiques qu'ils sont censés jouer.

Cher ami, en plus d'être pasteur ou évangéliste, il y a beaucoup d'autres choses qui sont de grande importance stratégique. La capacité de reconnaître les rôles plus grands et variés que vous pouvez être appelé à remplir est la clé de votre vision prophétique.

Le rôle d'Esther était d'être implantée dans le palais du roi et de parler à son mari pour la défense des Juifs. Elle a joué son rôle et ne sera jamais oubliée pour son rôle dans le sauvetage du peuple de Dieu. Elle ne fut jamais pasteur, évangéliste ni même chanteuse. Elle devait jouer le rôle d'une femme charmante, enthousiaste et agréable qui se servirait un jour de son accès et de sa faveur pour sauver le peuple de Dieu.

Quel est votre rôle particulier ? Est-ce d'aider un homme de Dieu ? Est-ce de fournir de la nourriture à la maison de l'Éternel ? Est-ce de chanter ? Est-ce de procurer le réconfort ? Est-ce d'être épouse ? Est-ce d'être comptable ? Est-ce d'aider financièrement ? Est-ce d'être défenseur ? Est-ce d'être précurseur ? Est-ce d'être un saint ami ? Est-ce d'être conseiller envers une personne importante ? Est-ce d'écouter des discussions décousues de sens d'un leader solitaire? Est-ce d'être administrateur ? Est-ce d'être fils ou fille ? Est-ce d'être intercesseur ? Est-ce d'être enseignant ? Est-ce d'être interprète ? Est-ce d'éviter la présence du mal ?

Pour quel but stratégique êtes-vous venu au monde ? Assurez-vous de le remplir, parce que remplir ce rôle spécial peut faire plus pour la volonté de Dieu que d'être le pasteur d'une grande église.

9. L'ART DE SUIVRE ESTHER EST L'ART D'ÊTRE PRÊT À DONNER VOTRE VIE.

> Esther envoya dire à Mardochée : Va, rassemble tous les Juifs qui se trouvent à Suse, et jeûnez pour moi, sans manger ni boire pendant trois jours, ni la nuit ni le jour. Moi aussi, je jeûnerai de même avec mes servantes, puis j'entrerai chez le roi, malgré la loi ; et SI JE DOIS PÉRIR, JE PÉRIRAI.
>
> Esther 4,15-16

Dans un certain sens, personne ne devient quelque chose de grand, à moins d'être prêt à donner sa vie pour ses convictions. Il y a deux façons de donner votre vie pour quelque chose. Tout d'abord, vous pourriez réellement mourir pour ce que vous croyez ou mourir en faisant ce en quoi vous croyez.

Deuxièmement, vous pourriez faire quelque chose de dangereux qui pourrait vous coûter la vie. Esther n'est pas réellement morte pour son peuple. Mais ce qu'elle a fait aurait pu lui coûter la vie.

Quand je suis arrivé dans le ministère, je n'ai pas abandonné les richesses pour servir le Seigneur. En fait, je n'avais pas de richesses à abandonner. Embrasser le ministère fut une étape dans laquelle j'ai perdu toutes les richesses potentielles qui m'étaient dues dans mon métier. Je pense que c'est la même chose que d'abandonner les richesses.

Abraham n'a pas vraiment sacrifié ni tué son fils Isaac. Mais Dieu l'a récompensé comme s'il l'avait fait.

C'est une clé importante dans la dynamique du succès. Les gens qui réussissent ont souvent donné leur vie pour ce qu'ils croient.

En quoi croyez-vous ? Qu'avez-vous abandonné pour votre vie ? On se souvient éternellement d'Esther parce qu'elle a donné sa vie pour ses convictions. Certes elle n'est pas vraiment morte, mais elle a donné sa vie pour ce qu'elle croyait.

10. L'ART DE SUIVRE ESTHER EST L'ART DE VOUS SOUVENIR D'OÙ VOUS VENEZ.

> Écoutez-moi, vous qui poursuivez la justice, qui cherchez l'Éternel ! Portez les regards sur LE ROCHER D'OÙ VOUS AVEZ ÉTÉ TAILLÉS, Sur le creux de la fosse d'où vous avez été tirés.
>
> Ésaïe 51,1

Tout le monde a des origines. La Parole de Dieu nous encourage à nous souvenir du rocher d'où nous avons été taillés. Esther se souvint de qui elle était et d'où elle venait. Parce qu'elle se souvint de qui elle était et d'où elle venait, Dieu se servit d'Esther pour sauver une nation entière.

Votre vocation est souvent liée à qui vous êtes et d'où vous venez. Les gens qui se déconnectent, se dissocient et ne se souviennent pas d'où ils viennent ne répondent souvent qu'à une fraction de leur véritable vocation.

Voulez-vous répondre seulement à une fraction de votre vocation ? Certainement pas ! Vous devez vous rappeler d'où vous venez et comment vous en êtes arrivé là où vous êtes. Il y a beaucoup d'Africains qui désirent être Américains. Ils passent leur vie à essayer de parler comme les Américains et n'y parviennent jamais tout à fait. C'est si facile de distinguer leurs faux accents, parce que la réalité ne cesse de se manifester. Ils n'ont jamais un grand ministère, parce qu'ils ne se souviennent pas (et ne veulent pas se souvenir) de leurs origines. Si les ministres se souvenaient de leurs origines, ils auraient de plus grands champs pour la moisson où travailler avec de plus grandes congrégations à qui prêcher.

Votre vocation est souvent liée à vos origines. Votre fort accent ne marchera pas chez les gens qui n'ont pas cet accent, et Dieu le sait très bien.

> La reine Esther répondit : Si j'ai trouvé grâce à tes yeux, ô roi, et si le roi le trouve bon, accorde-moi la vie, voilà ma demande, et sauve mon peuple, voilà mon désir ! Car nous sommes vendus, MOI ET MON PEUPLE, pour être détruits, égorgés, anéantis. Encore si nous étions vendus pour devenir esclaves et servantes, je me tairais, mais l'ennemi ne saurait compenser le dommage fait au roi.
>
> Esther 7,3-4

Esther se souvenait d'où elle venait et Dieu s'est servi d'elle pour faire un travail puissant et stratégique pour lequel elle ne sera jamais oubliée. Arrêtez d'avoir des fantaisies sur l'œuvre de Dieu ! La formule est simple : commencez à Jérusalem (d'où vous venez), aller en Judée, la Samarie, et ensuite dans les contrées les plus reculées du monde ! N'oubliez jamais ceci : votre ville natale sera toujours connectée à votre appel !

Chapitre 15

L'art de suivre Daniel

1. **L'ART DE SUIVRE DANIEL EST L'ART DE DÉVELOPPER LA CAPACITÉ DE TRAVAILLER ÉTROITEMENT AVEC DES PERSONNES IMPORTANTES**

a. **Daniel eut la capacité de travailler avec le prince des eunuques.**

   Dieu fit trouver à Daniel faveur et grâce devant le chef des eunuques.

   Daniel 1,9

b. **Daniel eut la capacité de travailler avec le roi Nebucadnetsar, qui le nomma gouverneur de la province de Babylone.**

   Ensuite le roi éleva Daniel, et lui fit de nombreux et riches présents; il lui donna le commandement de toute la province de Babylone, et l'établit chef suprême de tous les sages de Babylone.

   Daniel pria le roi de remettre l'intendance de la province de Babylone à Schadrac, Méschac et Abed Nego. Et Daniel était à la cour du roi.

   Daniel 2,48-49

c. **Daniel eut la capacité de travailler avec le roi Balthazar quand il devint le troisième souverain.**

   Aussitôt Belschatsar donna des ordres, et l'on revêtit Daniel de pourpre, on lui mit au cou un collier d'or, et on publia qu'il aurait la troisième place dans le gouvernement du royaume. .

   Daniel 5,29

d. Daniel eut la capacité de travailler avec le roi Darius comme l'un des trois présidents des cent vingt satrapes du royaume.

> Darius trouva bon d'établir sur le royaume cent vingt satrapes, qui devaient être dans tout le royaume.
>
> Il mit à leur tête trois chefs, au nombre desquels était Daniel, afin que ces satrapes leur rendissent compte, et que le roi ne souffrît aucun dommage.
>
> Daniel surpassait les chefs et les satrapes, parce qu'il y avait en lui un esprit supérieur ; et le roi pensait à l'établir sur tout le royaume.
>
> Daniel 6,1-3

Trois clés pour communiquer avec les rois et les personnes importantes

Il y a trois clés pour communiquer avec les rois et aux autres personnes importantes.

Ce sont les suivantes :

1. La clé d'être sincère et honnête.
2. La clé d'être vous-même et réel.
3. La clé de respecter et d'honorer les rois.

1. La clé d'être sincère et honnête

Daniel se servit de ces trois clés pour être en faveur. Beaucoup de gens font exactement l'opposé des trois clés ci-dessus, on les rétrograde et ils perdent la faveur. Il est si triste de voir des gens violer ces clés maintes et maintes fois. Au lieu d'être réel, honnête et de dire la vérité, les gens essaient de flatter les personnes importantes. Un roi intelligent verra à travers la flatterie.

Flatter quelqu'un, c'est « faire l'éloge de la personne un peu malhonnêtement ». Flatter quelqu'un, c'est jouer sur sa vanité et sa susceptibilité. Un roi intelligent verra bientôt à travers tout cela et, au lieu d'être promu, on vous rejettera comme courtisan malhonnête et dangereux.

J'ai eu jadis un ami qui me flattait sans cesse, me louant pour mon ministère et diverses choses dans lesquelles j'étais impliqué. Après un certain temps, je me suis rendu compte qu'il jouait sur ma vanité et ma susceptibilité. Je me suis rendu compte qu'il me louait un peu malhonnêtement. Et que faites-vous avec quelqu'un qui est un peu malhonnête ? Est-ce que vous le gardez près de vous ou est-ce que vous vous éloignez de lui ?

Belschatsar était le fier fils de Nebucadnetsar. Son père avait souffert d'une maladie mentale grave à la suite de l'orgueil. Cette maladie mentale, la lycanthropie (du grec lukos, loup et anthropos, homme, parce que la personne s'imagine être un loup, un ours ou un autre animal), n'avait pas enseigné Belschatsar à être humble. Au lieu de cela, il s'exalta aussi contre le Dieu Très-Haut.

Daniel n'eut aucune difficulté à dire la vérité au roi. Dire la vérité respectueusement ne mena pas à la destruction de Daniel. Elle le mena plutôt à sa promotion.

2. La clé d'être vous-même et réel

L'étape importante suivante est la clé d'être vous-même. Il y a tellement de gens prétentieux qui veulent gagner la faveur des gens importants. Ils se trahissent très facilement en essayant d'être ce qu'ils ne sont pas. Ce n'est pas facile de maintenir une façade longtemps. Combien de temps pensez-vous que Rambo puisse prétendre avoir tant d'armes et pouvoir vaincre tout seul des centaines de policiers ?

Tout ce qui simulé est irréel. J'ai observé des gens essayer d'adopter de faux accents étrangers. J'ai parfois de la peine pour leur langue, leurs lèvres et leur bouche. Comme ce doit être douloureux et difficile d'avoir constamment à parler d'une manière non naturelle. Tant de femmes passent pour être bien, avoir de bonnes manières, être polies et pacifiques, alors qu'en réalité elles ont un mauvais caractère, elles sont têtues et querelleuses !

Il n'est pas si difficile de voir à travers le rouge à lèvres, les cheveux, les ongles et les cils artificiels. Quand elles parlent sèchement à leurs maris, leurs enfants ou leurs domestiques, vous voyez la vraie personne apparaitre sous l'épais nuage de tromperie et d'irréalisme.

Quand le roi découvre qu'il a affaire avec la vraie chose, il est attiré et veut davantage, parce qu'il sait que c'est la varie chose.

3. La clé de respecter et d'honorer les rois.

La troisième clé pour communiquer avec les rois est la clé du respect et de l'honneur. Les gens fiers, têtus et grossiers ne peuvent pas cacher longtemps ces traits de caractère. Bientôt, l'attitude orgueilleuse apparaîtra à travers les couvertures et une remarque insolente sortira, révélant le serpent en-dessous.

Les rois sont des gens solitaires et ils aspirent à avoir de vrais amis et une bonne compagnie. Mais ils abandonnent rarement leur honneur. Quand une personne importante détecte de la présomption, de l'orgueil ou une attitude méprisante cachée, elle va se débarrasser de vous. Daniel aurait pu parler grossièrement au roi parce qu'il était condamné. Mais il parla avec respect et rendit au roi l'honneur qui lui était dû.

En fait, les trois clés ci-dessus sont les principes simples mais profonds pour communiquer avec des gens importants qui peuvent déterminer votre avenir.

2. L'ART DE SUIVRE DANIEL EST L'ART DE PRENDRE LE RÊVE D'UN AUTRE AU SÉRIEUX.

Vous vous trompez si vous pensez que le livre de Daniel ne contient que les visions et rêves de Daniel. En fait, la moitié du livre de Daniel concerne les rêves d'autres personnes.

Les rêves d'autres personnes peuvent avoir un effet profond sur votre vie. Votre respect des rêves des autres montre votre respect de l'Esprit Saint et votre respect pour le don de Dieu. Respecter les rêves des autres montre aussi votre humilité. Vous êtes humilié, parce que vous acceptez être dépourvu de rêves et de visions et obligé de dépendre de Dieu qui vous parle à travers quelqu'un d'autre.

Étonnamment, les grandes prophéties sont venues à travers les rêves de ces rois incrédules. Dieu a annoncé le futur à travers eux. Daniel les a pris au sérieux et les a interprétés. Grâce à cette interprétation, il a reconnu le pouvoir de Dieu de parler de la façon qu'Il choisissait. Il a reconnu le pouvoir de Dieu d'utiliser qui Il voulait. Notez ces rêves célèbres et l'effet qu'ils ont eu sur le ministère de Daniel.

Le roi Nebucadnetsar rêve de la grande statue

> O roi, tu regardais, et tu voyais une grande statue ; cette statue était immense, et d'une splendeur extraordinaire ; elle était debout devant toi, et son aspect était terrible.
>
> Daniel 2,31

Le roi Nebucadnetsar rêve du grand arbre

> Voici les visions de mon esprit, pendant que j'étais sur ma couche. Je regardais, et voici, il y avait au milieu de la terre un arbre d'une grande hauteur.
>
> Daniel 4,10

3. L'ART DE SUIVRE DANIEL EST L'ART DE DÉVELOPPER DE BONNES HABITUDES DE PRIÈRE

> Lorsque Daniel sut que le décret était écrit, il se retira dans sa maison, où les fenêtres de la chambre supérieure étaient ouvertes dans la direction de Jérusalem; ET TROIS FOIS LE JOUR IL SE METTAIT À GENOUX, IL PRIAIT, et il louait son Dieu, COMME IL LE FAISAIT AUPARAVANT.
>
> Daniel 6,10

Daniel priait beaucoup. Sa vie et ses habitudes de prière sont rapportées dans la bible. Il rendait grâces à Dieu et priait trois fois par jour. Nous ne pouvons pas faire grand chose à moins que le Seigneur ne nous aide. Ce sont nos prières qui nous ouvrent à l'aide du Seigneur. Par la prière, nous pouvons recevoir l'Esprit Saint et l'aide nécessaire dont nous avons besoin pour nos vies.

Il est généralement difficile de faire ce qui est bien.

Ce qui est bien est souvent dur et difficile, tandis que ce qui est mal est agréable et facile. L'une des façons qui vous aident à faire des choses dures et difficiles est de les transformer en habitudes. C'est pourquoi nous enseignons à nos enfants d'avoir certaines habitudes : pour qu'ils fassent les choses difficiles régulièrement le reste de leur vie.

Daniel avait fait de la prière une habitude. Ce fut la meilleure habitude qu'il pouvait développer pour lui-même. En faisant de la prière une habitude, il marcha à un niveau d'onction que peu de gens suivent.

Vous devez être quelqu'un qui prie en permanence. Vous ne pouvez pas être rempli de l'Esprit aujourd'hui et supposer que vous en serez rempli demain. Vous devez être rempli de l'Esprit continuellement.

Beaucoup de gens sont remplis de l'Esprit, mais ne parviennent pas à continuer à en être rempli. En temps de crise et de grand besoin, ils s'approchent de Dieu avec des prières intenses. L'intention de Dieu est que vous soyez rempli de l'Esprit en priant tout le temps.

4. L'ART DE SUIVRE DANIEL EST L'ART DE GARDER VOTRE FOI.

> Lorsque Daniel sut que le décret était écrit, il se retira dans sa maison, où les fenêtres de la chambre supérieure étaient ouvertes dans la direction de Jérusalem ; et trois fois le jour il se mettait à genoux, il priait, et il louait son Dieu, comme il le faisait auparavant.
>
> Alors ces hommes entrèrent tumultueusement, et ils trouvèrent Daniel qui priait et invoquait son Dieu.
>
> Daniel 6,10-11

Daniel croyait dans la prière. Être premier ministre ou être un Juif haï et persécuté ne changea pas sa croyance en Dieu et dans la prière. Il garda sa foi et continua de prier. C'est cet engagement envers sa foi qui nous a donné la fameuse histoire de « Daniel dans la fosse aux lions ». La victoire de Daniel dans la fosse aux lions est une victoire du maintien de la foi !

Quelle est la plus grande déclaration ?

L'apôtre Paul a terminé son ministère avec trois puissantes déclarations (2 Timothée 4,7) : « *J'ai combattu le bon combat, j'ai achevé la course, j'ai gardé la foi* ». De ces trois, la déclaration la moins puissante semble être : « *J'ai gardé la foi* ». Mais c'est peut-être le plus grande des trois. Garder la foi, c'est garder les croyances que vous avez toujours eues !

Continuer de croire en ce que vous avez cru au début de votre vie chrétienne est en soi une réussite. Beaucoup de pasteurs croient en la guérison quand ils en entendent parler pour la première fois. Mais avec le temps, ils ne croient plus dans la guérison miraculeuse. La plupart des pasteurs ont fait l'expérience de prier pour les gens qui sont morts peu après leur prière.

J'ai fait de telles expériences. La plupart d'entre nous sont passés par des tragédies qui ont brisé la confiance que nous avions au début de notre expérience chrétienne. En fait, c'est un vrai défi de continuer et de croire encore à la guérison miraculeuse, la providence et la protection divine.

Jacob dit qu'il avait vécu pendant cent trente ans et avait fait l'expérience de beaucoup de détresse. « Jacob répondit à Pharaon : Les jours des années de mon pèlerinage sont de cent trente ans. Les jours des années de ma vie ont été peu nombreux et mauvais, et ils n'ont point atteint les jours des années de la vie de mes pères durant leur pèlerinage » (Genèse 47,9).

Après une centaine d'années de problèmes, il est facile de perdre votre foi. Vous pouvez facilement dire qu'il n'y a ni Dieu, ni Seigneur ni providence.

Daniel garda sa foi en Dieu et dans la prière malgré la persécution et le harcèlement par lesquels il passa.

5. L'ART DE SUIVRE DANIEL EST L'ART DE NE PAS LAISSER LES HANDICAPS DE VOTRE VIE (ÊTRE UN EUNUQUE) LIMITER VOTRE MINISTÈRE TERRESTRE

> Le roi donna l'ordre à Aschpenaz, chef de ses eunuques, d'amener quelques-uns des enfants d'Israël de race royale ou de famille noble (…). Il y avait parmi eux, d'entre les enfants de Juda, Daniel, Hanania, Mischaël et Azaria :
>
> Daniel 1,3-6

La plupart d'entre nous avons une sorte de handicap dans nos vies. Avoir une sorte de problème, financier ou social, ne doit pas vous empêcher de répondre à votre vocation. Vous devez fixer votre regard sur l'éternité et vous concentrer sur le ciel.

Daniel était un eunuque. Cela veut dire qu'il n'avait pas de testicules et donc pas de désirs sexuels. Il n'avait aussi aucun désir de se marier et n'eut ni femme ni enfants. Cela était en fait un grand handicap pour un jeune homme qui avait la vie devant lui. Malgré cela, Daniel priait, jeûnait et accomplit son ministère de prophète.

La plupart des gens ont mille raisons pour lesquelles ils ne remplissent pas leur ministère.

Ne laissez pas votre manque d'éducation vous empêcher d'obéir à l'appel. Ne laissez pas votre démarrage tardif vous empêcher d'obéir à Dieu.

Ne laissez pas le fait d'être une femme vous empêcher de suivre votre vocation.

Ne laissez pas votre divorce vous empêcher de servir la Parole de Dieu.

Ne laissez pas votre ancienne vie capricieuse vous empêcher de devenir prédicateur.

Soyez comme Daniel et servez la Parole de Dieu malgré votre handicap évident ! Le succès de Daniel dépendit de sa capacité à servir malgré son handicap flagrant - l'absence de testicules !

6. L'ART DE SUIVRE DANIEL EST L'ART DE PRENDRE VOS VISIONS ET RÊVES AU SÉRIEUX.

La première année de Belschatsar, roi de Babylone, Daniel eut un songe et des visions se présentèrent à son esprit, pendant qu'il était sur sa couche. ENSUITE IL ÉCRIVIT LE SONGE, et raconta les principales choses. Daniel commença et dit : Je regardais pendant ma vision nocturne, et voici, les quatre vents des cieux firent irruption sur la grande mer. Et quatre grands animaux sortirent de la mer, différents les uns des autres. Le premier était semblable à un lion, et avait des ailes d'aigles ; je regardai, jusqu'au moment où ses ailes furent arrachées ; il fut enlevé de terre et mis debout sur ses pieds comme un homme, et un cœur d'homme lui fut donné.

Daniel 7:1-4

La clé pour coopérer avec l'onction est d'accepter, de croire et de suivre les visions et rêves que Dieu vous donne. Malheureusement, la plupart des gens n'attachent pas de valeur aux rêves qu'ils reçoivent et donc ils ne marchent pas dans l'onction des visions et des rêves. Daniel croyait aux rêves et aux visions et c'est ce qui fit de lui un des plus grands prophètes. Vous devez croire que Dieu peut et veut vous parler à travers rêves et visions. Les rêves ont joué un rôle important dans le ministère de Jésus. Son arrivée au monde fut guidée par une série de rêves donnés à Joseph. L'apôtre Paul eut plusieurs visions qui l'ont guidé. Il eut des révélations claires du Seigneur Jésus Christ et il fut emporté au troisième ciel. Les visions et les rêves, qu'ils soient clairs ou pas, sont en fait des dons importants du Seigneur.

Si vous aviez un rêve dans lequel vous voyez des animaux qu'on ne trouve pas sur terre, vous diriez probablement que vous avez trop mangé ! Qui a entendu parler d'un lion ou d'un léopard avec des ailes ? Pourtant, Daniel écrivit le rêve, parce qu'il le respectait. Il ne méprisa pas l'Esprit Saint comme nous le faisons souvent. Quand vous écrivez quelque chose, cela montre que vous le prenez vraiment au sérieux. C'est pourquoi nous demandons aux gens de prendre des notes quand ils sont à l'église.

Quand le membre du personnel prend des notes quand le manager parle, cela veut dire qu'il prend les instructions du manager au sérieux. Quand Daniel écrivit ses rêves étranges, il montrait à Dieu qu'il prenait le don au sérieux.

7. L'ART DE SUIVRE DANIEL EST L'ART DE GRANDIR EN HUMILITÉ EN RECONNAI-SANT VOTRE ÉTAT PERMANENT DE PÉCHÉ.

L'humble prière de Daniel

> Je priai L'ÉTERNEL, mon Dieu, et je lui fis cette confession : Seigneur, Dieu grand et redoutable, toi qui gardes ton alliance et qui fais miséricorde à ceux qui t'aiment et qui observent tes commandements !
>
> Nous avons péché, nous avons commis l'iniquité, nous avons été méchants et rebelles, nous nous sommes détournés de tes commandements et de tes ordonnances.
>
> Nous n'avons pas écouté tes serviteurs, les prophètes, qui ont parlé en ton nom à nos rois, à nos chefs, à nos pères, et à tout le peuple du pays.
>
> Daniel 9,4-6

La prière de Daniel est l'une des rares prières détaillées rapportées dans la Bible. Elle révèle le cœur d'un homme humble qui connaissait son état réel. La plupart d'entre nous ne connaissons pas notre état de péché, réel et pathétique. Nos ministères, nos réussites et notre dignité humaine, œuvrent ensemble à masquer notre bas état spirituel. Nous ne sommes rien, mais nous pensons que nous sommes importants, dignes et même supérieurs aux autres.

Nous prêchons tous avec confiance sur les péchés dont nous nous sentons éloignés. Mais nous gardons le silence sur les péchés qui nous oppressent. Nous paraissons si justes quand nous parlons de choses dont nous ne sommes pas coupables. En réalité, nous sommes coupables de beaucoup de choses que nous reprochons aux autres. En fait, plus vous devenez spirituel, plus vous vous rendez compte de votre véritable état de péché.

Tout au long de la Bible, la révélation spirituelle a souvent révélé la condition spirituelle pécheresse et pitoyable de l'homme. Les grands prophètes devaient tomber à genoux et demander miséricorde lorsque leur état était révélé. Cette conscience d'être pécheur toucha Isaïe : « Alors je dis : Malheur à *moi* ! *je suis* perdu, car je suis un homme dont les lèvres sont impures, j'habite au milieu d'un peuple dont les lèvres sont impures, et mes yeux ont vu le Roi, l'Éternel des armées » (Ésaïe 6,5).

Cette réalité d'être pécheur affecta aussi le grand prêtre Josué : « Il me fit voir Josué, le souverain sacrificateur, debout devant l'ange de l'Éternel, et Satan qui se tenait à sa droite pour l'accuser. L'Éternel dit à Satan : Que l'Éternel te réprime, Satan ! que l'Éternel te réprime, lui qui a choisi Jérusalem ! N'est-ce pas là un tison arraché du feu ? Or Josué était couvert de vêtements sales, et il se tenait debout devant l'ange. L'ange, prenant la parole, dit à ceux qui étaient devant lui : Ôtez-lui les vêtements sales ! Puis il dit à Josué : Vois, je t'enlève ton iniquité, et je te revêts d'habits de fête » (Zacharie 3,1-4).

Pierre se rendit compte aussi de cette réalité sur le bateau : « Quand il vit cela, Simon Pierre tomba aux genoux de Jésus, et dit : Seigneur, retire-toi de moi, parce que je suis un homme pécheur » (Luc 5,8).

Vous remarquerez dans la prière de Daniel qu'il se considérait aussi coupable des péchés et iniquités pour lesquelles il priait. L'art de suivre Daniel est l'art de devenir plus humble au sujet de votre état de péché.

8. L'ART DE SUIVRE DANIEL EST L'ART DE DEVENIR LE BIEN-AIMÉ DE DIEU.

Je parlais encore dans ma prière, quand l'homme, Gabriel, que j'avais vu précédemment dans une vision, s'approcha de moi d'un vol rapide, au moment de l'offrande du soir. Il m'instruisit, et s'entretint avec moi. Il me dit : Daniel, je suis venu maintenant pour ouvrir ton intelligence. Lorsque tu as commencé à prier, la parole est sortie, et je viens pour

> te l'annoncer; car TU ES UN BIEN-AIMÉ. Sois attentif à la parole, et comprends la vision !
>
> Daniel 9,21-23

Seulement deux personnes dans la Bible sont appelées « bien-aimé » : « Jean le bien-aimé » et « Daniel le bien- aimé ». Jean s'appela lui-même « le disciple que Jésus aimait » et l'ange appela Daniel « le bien-aimé ». Il y a de grandes similitudes entre le ministère de Jean et celui de Daniel. Tous les deux eurent des révélations fantastiques sur la fin des temps. Tous les deux eurent des révélations fantastiques sur les anges et le monde des esprits.

Ces visions et rêves sont des cadeaux donnés aux bien-aimés. Je me demande ce qu'ils ont fait pour devenir « bien-aimé ». Je suppose que c'est aussi leur grand amour pour Dieu qui a conduit à une telle intimité avec Dieu.

9. L'ART DE SUIVRE DANIEL EST L'ART D'ÊTRE SPIRITUEL PAR LE JEÛNE D'« AUCUN PAIN AGRÉABLE ».

> En ces jours-là, moi Daniel, je menai deuil trois semaines entières. JE NE MANGEAI PAS DE PAIN AGRÉABLE, aucune viande, ni vin n'entrèrent dans ma bouche et je ne m'oignis pas du tout, jusqu'à ce que les trois semaines soient accomplies.
>
> Daniel 10,2-3 (KJF)

Le jeûne est un exercice spirituel important pour tous les chrétiens. Il est important de jeûner parce que le jeûne aide à dompter la chair, afin que votre esprit puisse dominer votre vie. Avoir un esprit charnel, c'est être dominé par la chair ! Avoir un esprit spirituel, c'est être dominé par l'esprit ! « Car penser selon la chair c'est la mort ; mais penser spirituellement c'est vie et paix » (Romains 8,6 KJF).

Beaucoup de chrétiens ont une saison où ils jeûnent, et après cela ils ne jeûnent pas. Est-ce à dire qu'ils seront spirituels seulement quand ils ne mangeront pas ? La réponse est « Non ». Pouvons-nous vivre sur cette terre sans manger ? La réponse est « Non ».

Pouvons-nous vivre avec succès sur cette terre sans être spirituel ? La réponse est « Non ».

Nous devons être spirituels et nous devons manger. Comment pouvons-nous combiner les deux ? La réponse est *« le jeûne de pain agréable »*. C'est un secret que Daniel a utilisé pour maintenir sa spiritualité. Jeûner en ne mangeant pas de pain agréable est *demeuré spirituel* en changeant ce que vous mangez, et en mangeant ce qui ne vous est pas vraiment agréable. « Le jeûne de pain agréable » implique aussi *la réduction de la quantité* qui vous est vraiment agréable.

Le jeûne absolu (jeûner sans manger du tout) n'est possible que pour de brèves périodes de votre vie. En grandissant, vous serez incapable de maintenir des saisons prolongées de jeûne absolu. Vous devrez savoir comment observer le « jeûne de pain agréable ». Ce sera votre clé pour demeurer spirituel pendant des périodes plus longues. À quoi sert de devenir extrêmement spirituel pendant trois semaines de l'année puis de devenir charnel les quarante-neuf autres semaines de l'année ?

Le jeûne d'« aucun pain agréable » ne semble pas très puissant, mais il devient plus efficace et conduit à encore plus de spiritualité. Ce fut la clé de Daniel. Si vous pratiquez le jeûne d' « aucun pain agréable », vous jeûnerez plus, et vous pourrez continuer de jeûner en vieillissant et en devenant physiquement plus faible.

Comparer le « jeûne absolu » au jeûne d' « aucun pain agréable », c'est comme comparer le tennis au golf. Le tennis vous donne le sentiment d'avoir fait beaucoup d'exercice et d'être très accompli. Le golf semble ne pas vous donner beaucoup d'exercice. En fait, l'exercice de la marche et de jouer au golf sont moins fatigants, mais ils sont efficace comme exercice et vous pouvez les poursuivre dans votre vieillesse. Dans l'ensemble, le golf a beaucoup plus de bienfait pour l'individu que le tennis. De même, l'effet global du « jeûne d'aucun pain agréable » dure longtemps et est beaucoup plus efficace.

Chapitre 16

L'art de ne pas suivre

Dans la mesure où c'est une bonne chose de suivre, les Écritures nous enseignent aussi à ne pas suivre certaines choses. Dans ce chapitre, j'énumère un certain nombre de choses que la Bible nous enseigne à ne pas suivre. Il est facile de suivre de mauvaises choses, parce que les choses mauvaises sont très populaires. La foule aime faire le mal, mais vous devez être tenace et savoir ce que vous ne suivrez pas.

1. **Ne suivez pas la foule. La foule a souvent tort. La foule fait souvent le mal.**

   TU NE SUIVRAS POINT LA MULTITUDE POUR FAIRE LE MAL; et tu ne déposeras point dans un procès en te mettant du côté du grand nombre, pour violer la justice :

   Exode 23, 2

   Josué et Caleb étaient minoritaires. La foule voulait retourner en Égypte. La foule avait tort. Josué et Caleb avaient raison. C'est pourquoi la Bible nous enseigne à ne pas suivre la foule ou la multitude. La démocratie a des faiblesses inhérentes de tromperie et d'hypocrisie, car elle est fondée sur le fait de suivre la foule. La démocratie est fondée sur l'opinion de la multitude, et c'est très dangereux. Vous devez apprendre à défendre ce que vous croyez, même si la majorité n'y croit pas. Si j'avais suivi la majorité, je ne serais pas dans le ministère aujourd'hui.

2. **Ne suivez pas les gens vides qui ne font que parler, mais qui n'ont rien accompli.**

   Celui qui laboure sa terre sera rassasié de pain, mais CELUI QUI POURSUIT LES PERSONNES FUTILES est dépourvu d'intelligence.

   Proverbes 12,11 (KJF)

La Bible enseigne que nous ne devrions pas suivre les personnes futiles. Une personne futile est une personne vide ou un vaut-rien. Les gens vide peuvent être des hommes d'affaires, des pasteurs ou des politiciens. Ils ont une caractéristique principale : ils sont vides ! Il y a seulement beaucoup de discours impressionnant avec peu ou pas d'action.

Il est étonnant que beaucoup de gens qui ont le don de parler soient en réalité des hommes de paille. C'est une joie de les voir parler. Vous pourriez les suivre sur la lune quand vous écoutez leurs discours, mais en réalité ils n'ont même pas une voiture pour vous emmener au prochain arrêt.

Ne vous laissez pas impressionner par ceux qui parlent trop. Vous devriez peut-être vous méfier quand vous remarquez que vous avez affaire à quelqu'un qui semble trop bon pour être vrai.

3. Ne suivez pas ceux qui adorent les idoles.

> NE DEVENEZ POINT IDOLATRES, COMME QUELQUES-UNS D'EUX, selon qu'il est écrit : le peuple s'assit pour manger et pour boire ; puis ils se levèrent pour se divertir.
>
> 1 Corinthiens 10,6-7

Ne suivez pas les idolâtres. L'argent est la principale idole de notre temps. Ne suivez pas ceux qui adorent l'argent et font tout pour l'argent. La majorité de ce monde suit l'idole qui s'appelle l'argent.

Méfiez-vous des chrétiens qui prétendent faire des affaires avec la parole de Dieu. Ils agissent comme consultants pour des églises et des ministères, et prétendent offrir des services pour lesquels ils écrivent des factures exorbitantes. Il n'y a aucune indication de leur vénération et de leur crainte quand ils font affaire avec l'Église et ses ministres. Ces soi-disant hommes d'affaires chrétiens servent soit leur argent ou leur Dieu, et la plupart du temps leur argent ! Ils mettent leur Dieu de côté et servent l'argent. Ils feront n'importe quoi pour obtenir un peu d'argent supplémentaire.

De nombreux ministères ont poursuivi l'argent, en faisant uniquement des choses rentables et en implantant des églises dans des villes riches. Les pauvres sont laissés à leur sort quand nous laissons l'argent guider nos efforts d'implantation d'église.

Se joindre à la multitude et faire ce que les autres font est la chose la plus naturelle. Je connais beaucoup de gens qui ont quitté leur appel et se sont joints à la multitude pour chercher fortune. Quelle erreur et quelle tragédie ! Ne suivez pas les idoles, même si tout le monde les poursuit.

4. Ne suivez pas ceux qui critiquent et murmurent.

> NE MURMUREZ POINT, COMME MURMURERENT QUELQUES-UNS D'EUX, qui périrent par l'exterminateur. Ces choses leur sont arrivées pour servir *d'exemples*, et elles ont été écrites pour notre instruction, à nous qui sommes parvenus à la fin des siècles.
>
> 1 Corinthiens 10,10-11

Soyez prudent si vous suivez un groupe de gens qui murmurent et se plaignent. **Vous serez soudés à leur avenir désastreux. Vous serez détruits avec eux.** La plupart des gens critiquent tout le temps. Leurs bouches sont remplies de mécontentement chronique et d'insatisfaction envers tout.

Vous ne pouvez pas vraiment les blâmer quand tout le monde est rempli de vanité, de vide de vexations. *Murmurer est une seconde nature pour la majorité des gens.* La spiritualité et l'obéissance à l'Écriture sont nécessaires pour sortir de cette habitude. Le murmure et les plaintes sont partout, mais vous ne devez pas les suivre.

Satan est à l'origine de tous les mécontentements. Satan reçut une position élevée au ciel comme chef adorateur et ange principal. Il allait et venait au milieu des pierres de feu. Il fut exalté dans l'Éden, mais cela ne lui suffit pas d'être tel que Dieu avait voulu le créer.

Le mécontentement est satanique dans sa nature même. Ne le laissez à aucun prix entrer dans votre vie. Le fait même que

Satan ait introduit le mécontentement dans le monde devrait vous effrayer et vous le faire éviter à tout prix.

5. Ne suivez pas ceux qui commettent la fornication et l'adultère.

> Ne commettons pas non plus la fornication, comme quelques-uns d'entre eux l'ont commis ; et vingt-trois mille tombèrent en un jour.
>
> 1 Corinthiens 10,8 (KJF)

La fornication est peut-être le péché le plus fréquent au monde. La parole de Dieu nous dit constamment de ne pas suivre ceux qui vivent dans la fornication. Ceci est la parole de Dieu pour vous, et vous ne devez pas suivre la multitude. Vous devez être vierge, même si vous êtes le seul être vierge qui reste au monde.

Il y a aujourd'hui très peu de vierges dans l'église et encore moins dans le monde. Les seules vierges qui nous restent aujourd'hui sont des compagnies aériennes : Virgin Atlantic, Virgin America, Virgin Australia et Virgin Nigeria !! [*Note du traducteur : « virgin » veut dire « vierge » en anglais*].

6. Ne suivez pas des gens comme Diotrèphe qui s'élèvent contre les apôtres et les chefs spirituels.

> J'ai écrit à l'église ; mais DIOTRÈPHE, qui aime à être le premier parmi eux, ne nous reçoit pas. C'est pourquoi, si je viens, je me souviendrai des œuvres qu'il fait, en débitant des paroles malveillantes contre nous, et non content de cela, en plus il ne reçoit pas les frères, et il empêche ceux qui veulent le faire, et les chasse de l'église. BIEN-AIMÉ, NE POURSUIS PAS CE QUI EST MAL, mais le bien. Celui qui fait le bien, est de Dieu ; mais celui qui fait le mal, n'a pas vu Dieu.
>
> 3 Jean 1,9-11 (KJF)

Satan fut la première personne à s'élever contre l'autorité. L'autorité contre laquelle il s'est élevé était Dieu. Tous ceux qui s'élèvent contre l'autorité existante suivent Satan. C'est pourquoi Jean a conseillé à l'église : « Ne poursuis pas ce qui est mal ».

Combien de fois les chefs spirituels sont-ils attaqués et empêchés de faire leur travail ? Diotrèphe est l'opposition par excellence à l'autorité spirituelle. Des églises entières peuvent se liguer et lutter contre leur pasteur. Il est difficile de trouver une personne dans ce monde qui n'ait pas critiqué un pasteur ou un autre. Mais vous ne devez pas poursuivre ce qui est mal !

Les livres de Dag Heward-Mills

1. Loyauté et déloyauté
2. Loyauté et déloyauté - Ceux qui vous accuse
3. Loyauté et déloyauté - Ceux qui sont des fils dangereux
4. Loyauté et déloyauté - Ceux qui sont ignorant
5. Loyauté et déloyauté - Ceux qui oublient
6. Loyauté et déloyauté - Ceux qui vous quittent
7. Loyauté et déloyauté - Ceux qui prétendent
8. La croissance de l'Eglise
9. L'implantation de l'Eglise
10. La méga église (2ème Edition)
11. Recevoir l'onction
12. Etapes menant à l'onction
13. Les douces influences de l'onction
14. Amplifiez votre ministère par les miracles et les manifestations du Saint Esprit
15. Transformer votre ministère pastoral
16. L'art d'être berger
17. L'art de leadership (3ème Edition)
18. L'art de suivre
19. L'art de ministère
20. L'art d'entendre (2ème Edition)
21. Perdre, Souffrir, Sacrifier et Mourir
22. Ce que signifie devenir berger
23. Les dix principales erreurs que font les pasteurs
24. Car on donnera à celui qui a et à celui qui n'a pas on ôtera même ce qu'il a
25. Pourquoi les chrétiens qui ne paient pas la dime deviennent pauvres et comment les chrétiens qui paient la dime peuvent devenir riches.
26. La puissance du sang
27. Anagkazo
28. Dites-leur
29. Comment naître de nouveau et éviter l'enfer
30. Nombreux sont appelés
31. Dangers spirituels
32. La Rétrogradation
33. Nommez-le! Réclamez-le ! Prenez-le !
34. Les démons et comment les affronter
35. Comment prier
36. Formule pour l'humilité
37. Ma fille, tu peux y arriver
38. Comprendre le temps de recueillement
39. Ethique ministérielle (2ème Edition)
40. Laikos

Obtenez votre copie en ligne aujourd'hui à
www.daghewardmills.fr

Facebook: Dag Heward-Mills
Twitter: EvangelistDag

www.ingramcontent.com/pod-product-compliance
Lightning Source LLC
Chambersburg PA
CBHW061640040426
42446CB00010B/1505